増補改訂版

咸臨丸の絆

軍艦奉行 木村摂津守と福沢諭吉

宗像善樹 著

海文堂

増補改訂版　咸臨丸の絆　軍艦奉行木村摂津守と福沢諭吉　もくじ

はじめに

慶応義塾大学の創始者・福沢諭吉《ふくざわゆきち》は、二十七歳のとき、徳川幕府の軍艦奉行・木村摂津守喜《きむらせっつのかみよし》毅《たけ》（号は「芥舟《かいしゅう》」）に願い出て咸臨丸に乗船、アメリカへ渡ることができたことから、木村喜毅を終生「木村さま」として報恩の念を持ち続け、木村喜毅は四歳年下の福沢諭吉の才能と能力を認め、終生「福沢先生」と敬いました。

もし、木村喜毅が明治新政府の要請に応じて出仕していれば、二人の間の逸話も後世にいろいろと紹介されたことだと思います。だが、木村喜毅は幕臣としての生涯に徹し、徳川幕府の終焉に合わせて隠居して、歴史の表舞台から姿を消しました。そのため、木村家で代々語り伝えられてきた福沢諭吉との生涯の固い絆と交友秘話はあまり知られておりません。

幸いなことに、筆者の身内が木村芥舟の次女「清《せい》」の孫および曾孫という関係にあることから、清が生前孫に語り聞かせた「太平洋往路航海における咸臨丸船上での事件や出来事」と、帰国後の「木村喜毅と福沢諭吉の生涯に亘る深い親交の逸話」を知ることができました。

私は、これらを踏まえて平成二十六年に『咸臨丸の絆・軍艦奉行木村摂津守と福沢諭吉』という作品を発表しましたが、今回、その後に発見した新たな文献や史料と、前述の清や木村一族が語り伝えてきた新出の「逸話」を新しく盛り込み、物語を「咸臨丸の太平洋横断航海の全容」と「木村摂津守と福沢諭吉の終生に亘る絆」に絞り込み、また、前作品に修正、削除と加筆を施し、増補改訂版を著しました。

本年、平成三十年は明治維新百五十年に当たる年です。徳川時代末期に、往路航海は十一名のアメリカ人船員の支援を受けつつも、アメリカ・サンフランシスコ間の太平洋横断航海という壮挙を成し遂げた幕末軍艦「咸臨丸」乗組員の人たちの奮闘と努力、そして、近代日本国海軍の基礎を築いた咸臨丸の人びとの栄光と功績、そして名誉を、読者の皆様に知っていただければ、作者としてこの上もない喜びでございます。

幕府軍艦咸臨丸はその後、文久元年（一八六一）には、小笠原諸島の領有権確保のため、小笠原に派遣され、父島・母島で詳しい調査・測量を行い、日本はその調査に基づいて諸外国に日本の領有権を通告するなど、数々の任務を果たしたのち、老船となり、ボイラーを外されて輸送船とされてしまいました。

そして、輸送船として就役中、明治四年（一八七一）九月十九日に、北海道木古内町泉沢で暴風雨に遭遇、更木岬《さらき》沖で破船、沈没。その生涯を閉じました。

私、そして咸臨丸に強い愛着を持つ人たちは、激動の幕末維新に栄光と悲劇の軌跡を残した咸臨丸が今も眠る更木沖の海底で、咸臨丸の船体の海中捜査を実施して存在を見つけ、船の存在が確認できた暁には、咸臨丸の引き上げが実現されることを強く願っております。

平成三十年十二月

宗像善樹

第一章　咸臨丸、アメリカへ往く

木村喜毅
（慶応四年　1868年）

横浜開港資料館蔵　木村家寄贈

一　咸臨丸渡米の経緯と準備

安政六年（一八五九）十一月二十四日、江戸城桔梗の間において、老中より木《き》村《むら》図《ず》書《しょ》喜毅《よしたけ》に対して、次の如き内命が下された。

時の徳川将軍は家茂《いえもち》、数え十四歳。（以下、特に記載がない場合は数え年齢）

大老井伊《いい》掃部頭《かもんのかみ》直弼《なおすけ》が列座するなか、平伏する木村図書に向かって老中松平《まつだいら》和泉守《いずみのかみ》乗全《のりやす》が仰せ付けた。

「亜墨利加《アメリカ》国《コク》江為御用被差遣候間、可致用意候」（慶応義塾図書館編『木村摂津守喜毅日記』より。以下、『日記』と記す）

続けて、松平和泉守が和らいだ口調で話しかけた。

「かねて聞き及びのことであろうが、この度、我が国とアメリカ国との間で締結した修好通商条約の批准書を交換するため、遣米使節を送ることに相成った。

使節の一行は、ハリス殿のご好意によってアメリカ軍艦ポーハタン号に乗船し、サンフランシスコを経て首都ワシントンへ送ってもらう」

松平和泉守が一息つき、大老の井伊掃部頭に目をやった。

大老が促した。

「続けられよ」

「はっ」

和泉守が居ずまいを正し、頭《こうべ》を低く垂れた。

「上様におかれては、木村図書に特別の思し召しがおありでござる。

それは、我が日本国の軍艦を、使節の海路を警備するための随伴艦として別船を仕立て、木村図書を軍艦奉行として差し遣わし、彼地《かのち》へ向かわせよ、との御沙汰である」

和泉守が付言した。

「なお、ご大老のご意向は、別船に乗り組む者たちの選抜、編制は、木村図書に一任するとのことでござる」

松平和泉守の話が終わり、井伊掃部頭が大きく頷いた。

平伏して話を承った木村が、井伊掃部頭に申し出た。

「おそれながら、別船の教授方頭取には勝麟太郎義邦を推挙致したく」

長崎海軍伝習所時代に一緒だった勝麟太郎が抱いている宿志《しゆくし》「何としても渡米した

い」という夢を実現させてやりたいと、敢えてその場で申し出た。

木村は、勝が以前より、その時々の外国奉行の水野筑後守や永井玄蕃守に何度も書状を送り、別船が仕立てられる場合は是非とも乗船してアメリカへ渡りたいと、密かに画策していたことを承知していた。

井伊掃部頭が、即座に応じた。

「すべて図書に任せる」

そして、言った。

「上様におかれては、彼地《かのち》における木村とその一行の行動はすべて木村の判断に委ねよ、という御沙汰がおありでござる」

これを聞いた木村図書は、「ポーハタン号で行く使節の一行と随伴艦の咸臨丸が、無事サンフランシスコへ到着、合流できた暁には、木村も使節と共にワシントンへ上がるか、あるいは、咸臨丸に乗ってそのままサンフランシスコから日本へ戻るかの判断如何は、彼国におけるそのときの状況を見極めて判断してよいものと、自分に一任され、広い裁量の範囲が与えられた」と、心得た。

「畏れ多いことでございます」

喜毅は、徳川将軍家の木村図書への全幅の信頼を感じて両手を畳につけ、深く頭を下げた。

この日、木村喜毅に「登城せよ」との内命があり、将軍家茂の意向が伝えられた訳は、徳川将軍家代々と木村家代々との緊密な関係が背景にあったからに他ならない。

木村喜毅は、天保元年（一八三〇）二月五日に江戸浜御殿（現在の東京都立「浜離宮恩賜庭園」）内の役宅で生まれた。

幼名は勘助《かんすけ》、隠居後は芥舟《かいしゅう》と号した。

父は木村家六代喜彦《よしひさ》（幼名は又助《またすけ》）、寛政十年（一七九八）生まれ。母は医師丸山岱淵《たいえん》の長女船《ふね》である。喜彦の子には、ほかに喜毅より一歳年上の姉久邇《くに》がいた。

木村家初代昌高《まさたか》は、三代将軍徳川家光の三男である甲府城主の綱重《つなしげ》に仕えた。

徳川綱重の子綱豊《つなとよ》は、宝永元年（一七〇四）、五代将軍綱吉の養嗣子となって江戸城に入り、名を家宣《いえのぶ》と改めた。

このとき、木村家二代政重《まさしげ》は家宣に従い江戸に上り、吹上奉行支配となった。身分は御家人で、石高は百俵であった。

徳川家宣は、綱吉が没することにより、五年後に江戸幕府第六代征夷大将軍となる。政重に続く木村家三代茂次《しげつぐ》は浜御殿奉行となり、木村家四代喜之《よしゆき》はこれを継いだ。

四代目の喜之は将軍家の御覚えも良く、命により紀州へ赴き砂糖の製法を学び、城内の吹上御苑に製造所を設けて、毎年、砂糖を製造して上様の御用に供した。砂糖の余分があれば、将軍家の許しを得て商人に払い下げて利潤をあげ、その収入を小納戸（理髪、食膳など将軍の日常の用務を担当する部署）に収めた。喜之は、その功によって旗本に列せられた。

木村家五代の喜繁《よししげ》は、浜御殿奉行を務める一方、将軍の命を受け、朝鮮人参の栽培や荒廃していた伊豆の楠《くす》の林の修復などの改革を実現し、大きな功績と収益をあげ、身分は布衣（六位相当）に進んだ。

喜毅の父の木村家六代喜彦も浜御殿奉行に精励する一方、四代喜之と同様、将軍家の家政の再建に尽くし、家禄をそれまでの倍の二百俵に加増された。

ところで、浜御殿のある一帯は、江戸時代初期には葦《あし》が生い茂る海辺で、将軍家の鷹場《たかば》であった。

承応元年（一六五二）四代将軍家綱の治世のとき、甲府藩主の徳川綱重にこの地が下賜され、綱重は海を埋め立てて下屋敷を建てた。下屋敷は甲府浜屋敷と呼ばれた。

綱重の子の徳川綱豊改め家宣が六代将軍になると、甲府浜屋敷は将軍家の別邸とされ、浜御殿と改称され大幅な改修がなされた。

七万坪に及ぶ庭園内に、海水を取り入れて林丘泉水をめぐらし、鴨場や梅林を作り、これらの景勝を将軍が観賞するための「中島の御茶屋」「松の御茶屋」「燕の御茶屋」などが設けられ、江戸を代表する名園に仕上げられ、代々の将軍が浜御殿で鴨猟や釣りなどの遊を行った。

さらに木村家は、将軍家の用に供するため、敷地内に薬草園や製糖、製塩、染織などの各種工場を次々と新設した。

浜御殿奉行の役宅は浜御殿の中に置かれ、数多くの配下を持ち、庭園の維持管理のほか、これら各種工場の経営にも当たった。

当時、江戸城表《おもて》においては、将軍と臣下の間は厳重に隔てられており、上段に座す将軍に対しては、老中といえども額を畳みに付すほどに平伏し、わずかに頭を上げて言上できるのが通例であり、とても将軍を直視することなど許されるものではなかった。

これに反し、浜御殿では、将軍は自由気ままに振る舞い、近習の者と間近に接し、腹の底から心おきなく笑いあえる、将軍家にとって唯一の寛《くつろ》ぎの場であった。

七代目の木村喜毅は、幼少の勘助のときから、このような別天地の中で徳川将軍の私的で自由な振る舞いを身近に感じて育った。

喜毅は、その一方で、浜御殿に出入りする薬草園や製糖、製塩、染織の各工場で働く農民、職人、商人たちを、幼少の頃より身近に眺め、時には親しく言葉を交わし、そういう日常を経験することによって、庶民の気持ちを理解し、彼らと同じ目線が持てる、幅が広い、懐の深い人間に育った。

このようにして、木村喜毅は徳川将軍家への恩顧を深く感じて忠誠を尽くす武士に育つとともに、他方で、相手の地位や身分、年齢にこだわらない生き方ができる人間となった。


内命の式が終わり桔梗の間から退出しようとする木村喜毅に、大老井伊掃部頭から、

「四日後に再度登城いたすべし」

との命があった。

命を受けた木村は緊張した面持ちで、江戸城の大廊下を歩いた。

身長五尺八寸（一七六センチメートル）の、この時代にしては大柄といえる、堂々とした武士の木村喜毅は、このとき三十歳。

ゆったりと歩を進めながら、十七年前の天保十三年（一八四二）三月十三日に江戸

城へ初出仕したときのことを思い返した。

あのとき、勘助、十三歳（満十二歳と一ヶ月）。

父喜彦《よしひさ》に連れられて登城した勘助は、江戸城内御祐筆《ごゆうひつ》部屋縁側《えんがわ》において、閣老水野越前守より浜御殿奉行見習を仰せつけられた。

記録によると、幕府の規則上、城中に出仕できるのは十七歳以上からであった。

勘助は、前例のない若さで初出仕を果たしたことになる。

旗本の間では驚愕の的の初出仕だった。

さらに木村は、その八日後の三月二十一日に浜御殿に遊びに来られた十二代将軍家《いえ》慶《よし》に初めて拝謁したときのことを想った。将軍家慶五十歳、父喜彦四十六歳。

上様は、勘助を一目見るなり非常にご満悦になられ、勘助を側近くに召され、「よい子じゃ、よい子じゃ」とやさしく言葉をかけられ、勘助の頭を愛おしそうに撫で、両手で顎に触るなどして深く慈しまれた。

さらに、庭園内の御茶屋に勘助父子を招かれ、上様手ずからのお酌で酒を給われた。

お目見えの後も、勘助は将軍家慶の寵恩を一身に受けた。

上様は、吹上御苑の鷹狩や駒場野での狩に木村父子を召され、「鷹を使ってみよ」などと一緒に終日鷹狩や狩を楽しまれ、昼には憩所で一緒に昼餐を美味しそうに食された。

また、吹上御苑で山王の祭礼と力比べ（相撲）をご覧になったときも、木村父子を同行させ、一緒に見ることを許された。

さらに、尾張公の戸山別業（別荘）、大川端の清水家（御三卿）別邸、芝浜の紀州公別館などにも木村父子に同行を命じ、庭園を散策し、「魚を釣ってみよ」と池の魚を釣ることを許された。

特に、木村喜毅の脳裏に鮮やかに残っている将軍家の特別の思し召しは、奥御能に招かれたことであった。

昔から、表御能は、朝廷からの勅使の接待、将軍即位式など重要な儀式のときに、江戸城の大広間で演じられるが、その際は、大名をはじめお目見え以上の者などが皆拝見することを許された。

しかし、奥御能はまったく奥向きの、将軍の個人的な宴であって、ときには、将軍自ら能を舞われることもあった。拝見を許される者は、老中、若年寄、将軍の側に仕える近習に限られていた。表方の諸役人は主要な三奉行（寺社奉行、町奉行、勘定奉行）といえども決して拝見を許されなかった。

上様は、この奥御能に木村父子を二度もお招きになった。木村父子が奥御能を拝見できることは、真に世にも稀な恩典といえることだった。

また、ある年の三月、上様が浜御殿へ磯遊びに来られ、御苑内の海岸を散策されたとき、勘助を召して「案内いたせ」と命じられた。

先に立って歩いていた勘助は、海辺の岸の芝原の中にたくさんの石がころがっているのに気がついた。

そこで、上様の前に跪《ひざまず》き、「この草道には石がたくさん隠れてころがっています。危ないので用心してください」と申し上げたところ、上様は侍臣を顧みて「よく気のつく子じゃ」と言ってお笑いになった。

そして、身を中腰にかがめられて、目を伏せて控えている勘助の肩に軽く手のひらを置き、やさしく勘助の顔を覗き込まれた。勘助は、将軍の手のひらの温もりから、家慶のやさしい人柄を心中深く感じた。


桔梗の間を退出して江戸城の廊下を歩く木村喜毅は、次いで、少年期に授かった教育環境とそこで知り合った人びとを思い返した。

勘助は、将軍家慶に初お目見えした年の三月から、昌平坂学問所に通い始めた。

学問所において勘助は、優れた学者であり、外交家でもあった林復齋（十一代林大学頭）に学んだ。

同門の先輩には、林晃（林復齋の子）、掘有梅、岩瀬忠震《ただなり》など当代一流の人物がキラ星の如くおり、勘助は彼らと共に朝夕切磋講習した。

後年、木村芥舟が、「生涯の知己として心を許した人物が二人いた」と述べている。その一人が岩瀬忠震であり、もう一人が福沢諭吉だった。この二人の知己のうちの一人である岩瀬忠震とは、この時が最初の出会いだった。

昌平坂学問所に岩瀬忠震がいたことは、勘助のその後の人生展開に大きな影響を与えることになった。単に正統の儒学を学んだという以上の大きな意味があった。並の旗本の子弟では到底望めない先生、先輩たちだった。

彼らと親しくなれたことが、勘助が異例の速さで出世する契機となった。

木村勘助は、弘化元年（一八四四）十五歳のとき、両番格、浜御殿添奉行を命じられた。奉行見習から昇進して副奉行に昇った。

勘助がいかに異例の若さで出世のスタートを切ったか、年齢が一回り（十二歳）先輩の岩瀬忠震が両番・番士として初出仕したのは三十一歳のときであり、勝麟太郎が両番上席格に進んだときは三十七歳であった。

勘助は、この両番格添奉行を約十年務めた。

次に、嘉永元年（一八四八）十九歳で昌平坂学問所試験の乙科（若い学生を対象とする試験）に合格し、出世の足掛かりをつくった。

そうして、日本が鎖国を解き開国した翌年の安政二年（一八五五）二月五日、二十六歳の誕生日に、講武所出役（出役とは、江戸幕府の職制で、本職を持つ者が、臨時に他の職を兼ね務めること）を命じられた。

講武所とは、蕃書調所《ばんしょしらべしょ》、長崎海軍伝習所と並んで、開国後に老中阿部正弘によって創設された新しい機関だった。蕃書調所、長崎海軍伝習所が、創設当初から兵書に関する洋書の翻訳、海軍軍人の養成を目的としたのに比べ、講武所は、当初は二百年余の太平に馴れきった旗本を鍛え直す武芸の道場であったが、最終的には洋式の陸軍軍人を育てる場所となった。

創設当初の講武所は、古来の剣・槍・弓術・水泳に加え砲術が主な修練科目だったが、幕末までの十数年の間に、砲術を主とする歩・騎・砲の三兵の陸軍が小規模ながら編制され、槍や弓は完全に廃止された。

あるとき勘助は、親友の岩瀬忠震から、講武所に勤める人たちの人物評価を内々に尋ねられた。

そこで勘介は、これらの人びとについての忌憚のない人物評を答えたところ、勘助が下した評価内容は岩瀬が予め抱いていた人物評価とまったく同じであったため、勘介の人物眼に感じ入った岩瀬はその話をそのまま老中阿部正弘に報告した。岩瀬は当時、目付局にあって海防掛として辣腕を振るい、阿部正弘から高い評価と厚い信任を得ていた。

この、勘介に対する人物考課の実施は、阿部正弘から岩瀬忠震に対する内々の指示によるものだった。

阿部は、岩瀬から受けた報告により木村勘助の正鵠を得た観察眼を高く評価して、早速に勘助を目付に抜擢した。

岩瀬忠震が陰に日向に、幕閣の中で勘助の引き立て役を演じた。

安政二年（一八五五）九月、二十六歳で西の丸目付に抜擢された。異例の大抜擢だった。

後年、木村喜毅（芥舟）の長男浩吉が、父の顕彰のために編んだ『木村芥舟ノ履歴及経歴ノ大要』（以下、『大要』と記す）を作成した際に、父芥舟から聞き取ったこのときの様子を次のように記している。

「安政二年九月十五日、前夕（前日の夕方）参政（若年寄）連名の奉書により五つ半時（午前七時ころ）登営（登城）せしに、将軍御座の間に召し出され、御直に（十三代家定から直接）西丸目付に任ぜられる旨仰せわたせられたり。従来両番より監察（目付）に任ぜられるは真に不次の特典にして希に見る所なり。我等如き両番格の小吏より昇るは古来いまだ其例なき所なり」

両番から目付に登用された希な例としては、岩瀬忠震、永井尚志があるが、いずれも両番の番士の実務経験を経た後のことである。木村勘助のように、両番の実務経験もなく、いきなり目付の要職に昇る例は、徳川幕府始まって以来、空前のことであった。

さらに勘助は、翌年の安政六年二月、本丸目付を命じられた。このとき、浜御殿の役宅を出て、築地に居を移した。

ちなみに、徳川幕府の目付は、若年寄の管轄の下、江戸城本丸と西の丸におかれた。定員は十名。その権限は、旗本、御家人の監察や、諸役人の勤怠など政務全般に及んだ。有能な人材が任命され、後々奉行に昇進する者が多くいた。老中が政策を実行するに当たっても、目付の同意がなければその政策の実施は不可能であり、将軍や老中に直接、面と向かって不同意の理由を述べることもできた。

まさに、「目付にその人を得ると得ざるとは、一世の盛衰に関する」と評される程のものだった。

木村が、目付の業務内容について、『日記』に次のように詳しく書き記している。

「監察の職たるや位階甚だ高からずといえども其の権限頗る盛んにして、都《すべ》て閣老へ直ちに接待して事を論じ、又緒向より出たる緒願・緒伺書等の可否を一応必ず監察にて評議し、其の儀を上《たてまつ》る也」

ともあれ、勘助の空前の抜擢は旗本すべての羨望の的となった。

安政三年（一八五六）十二月、二十七歳の勘助に本丸目付のまま長崎表御用取締の命が下った。

取締御用の業務内容については、『大要』によると次の通りである。

「此の御取締御用というのは、正徳年中（一七一一）に始まり、毎年御目付は一人ずつ交代して長崎奉行の職務を監察し、公事訴訟の裁断に立会い、南蛮通商の事を視察し、或は其謀議に参じ、専ら土地の利病《りへい》を考え、江戸に差立てる公状は奉行と連署し、又奉行事故ありて事を視る能わざるときには、之に代わりて兼理するの重任なり」

幕府から命を受けた木村は、勘助改め図書を名乗り、安政四年（一八五七）二月、長崎に下り、長崎海軍伝習所取締および医学館学問取締を本務としつつ、上記のような奉行との協力業務も行った。

ところで、長崎海軍伝習所の開設と閉鎖の経緯は次の通りであった。

嘉永六年（一八五三）にペリー提督が率いる黒船艦隊によって江戸湾が蹂躙され、挙句に鎖国を破られ、開国を強要された徳川幕府は、海防体制強化の重要性に目覚め、必死になって力を注いだ。

まず、西洋式軍艦の輸入を決め、さらに、オランダ商館長の勧めにより幕府海軍士官を養成する機関の設立を決めた。

続いて、安政二年（一八五五）、長崎西役所（現在の長崎県庁）に海軍養成機関を開設し、幕臣や雄藩藩士から候補を選抜し、オランダ軍人を教師に仰ぎ、蘭学や航海術などの諸科学を学ばせ始めた。これが、長崎海軍伝習所の始まりである。

オランダからは、ペレス・ライケン以下の第一次教師団、後にヴィレム・ホイセン・ファン・カッテンディーケ以下の第二次教師団の派遣を受けた。さらに、練習艦として蒸気船「観光丸」の寄贈も受けた。

伝習所の目的は、オランダに発注した蒸気船二隻（後の「咸臨丸」「朝陽丸」）の乗組員の養成にあった。そこで、安政二年に第一期生として幕府伝習生三十七名が入所した。

翌安政三年には、第二期生として長崎など開港地の沿岸警備要員の養成のために、長崎地役人などの幕府伝習生十二名が加わった。

さらに、近代的な海軍兵学校においては若年の段階からの士官養成が必要として、若手中心の第三期生二十六名が入所した。

また、幕府伝習生以外に諸藩からの伝習生の受け入れも行われた。薩摩藩、肥後藩、筑前藩、長州藩、佐賀藩、津藩、備後福山藩、掛川藩などから合計百二十八名が伝習生として参加した。

特に、福岡藩と交替で長崎の警備に当たっていた佐賀藩は、名君の誉の高い藩主の鍋島直正が西洋の学術、海軍に非常な関心を抱いており、また、早くから鉄製砲鋳造の必要性を感じていた。

嘉永年間には反射炉をはじめとする鋳造砲設備を整え、さらに、長崎海軍伝習所が開設されると、造船技術習得のために、四十七名の藩士を海軍伝習生として、佐賀藩から送り込んだ。

海軍伝習所の教科内容は、軍艦の操船技術を学ぶ航海術だけではなく、造船術、機関術などの専門技術と、それらの技術習得の前提となる数学、物理学、力学、天文地理学などの諸学問であった。それに実地教育的な船具、運用術、砲術などを加えたもののが教科の全内容とされた。

軍医士官ポンペ・ファン・メーデルフォールトによる医学伝習は、物理学・化学に基礎を置く日本の近代医学の嚆矢となり、ここの長崎養生所、長崎英語伝習所が、後の長崎大学（現在の「国立長崎大学」）の基になった。

また、同じく併設された飽浦《あくのうら》修繕船工場、長崎製鉄所は、その後の長崎造船所（現在の「三菱重工業長崎造船所」）の前身となった。

しかし、安政四年（一八五七）四月に江戸築地の講武所内に軍艦教授所（二年後の安政六年に「軍艦操練所」と改名）が新設されると、同年三月に第一期の総監永井尚志以下多数の幕府伝習生が教員として築地に移動してしまい、長崎に留まった伝習所生の数は四十五名ほどに減った。

永井の後任として海軍伝習所の第二代目総監を務めることになった木村図書は、オランダ人のライケンやカッテンディーケらと交友関係を持つことになり、国際人としての視野を広く築く機会を得た。

また、同年八月には、徳川幕府がオランダに建造を依頼、発注したヤパン号を長崎で受け取り、その後、ヤパン号を「咸臨丸」と日本名に改名した。

翌年の安政五年には、咸臨丸で五島、対馬、鹿児島などへ練習航海を行い、薩摩藩主の島津斉彬《なりあきら》に会い海軍事情を語り合うなどして、人脈と人間の幅を広げた。

そうしているうちに、幕府が長崎海軍伝習所の運営方針を転換することになった。それは、江戸から遠方の長崎で伝習所を維持し続けることは、幕府の財政にとって大きな負担となることから、幕府の海軍士官養成を江戸築地にある軍艦操練所に一本化することにしたのである。

こうして、安政六年（一八五九）二月、長崎海軍伝習所は閉鎖された。

同年六月二十五日、中仙道を経て江戸に帰府した木村図書は芝新銭座《しばしんせんざ》に居を定めた。このような経緯を経て、木村図書は軍艦奉行、随伴艦・咸臨丸の提督としてアメリカへ渡ることになった。

木村図書（三十歳）が江戸城に呼ばれてから四日後の安政五年十一月二十八日、木村は、教授方頭取勝麟太郎（三十八歳）とともに、

「亜墨利加《アメリカ》国《コク》江《へ》為御用罷越候付《ごようのためまかりこしそうろうにつき》御暇《おいとま》被仰出《おおせいださる》」

と、アメリカへ向けての出立を正式に命じられた。

木村摂津守喜毅は軍艦奉行に進み、摂津守を名乗り、従五位下に叙せられた。木村図書（喜毅）は、軍艦奉行として随伴艦に乗船、日本国初の太平洋横断航海の全責任を負うことになった。

正式命令の儀式が終わり部屋から退出した木村摂津守に、身長五尺一寸（一五六センチメートル）の小柄な勝麟太郎が足早に追いつき、辺りかまわず声高に話しかけた。

「木村さんよ。俺たちは、これから、すごいことをやるのだ。俺たち日本人が、日本国の軍艦で、パシフィック・オーシャンを渡るのだぜ」

このとき勝は、「太平洋」のことを「パシフィック・オーシャン」と呼んだ。

それは、江戸時代には日本人が海を渡って海外へ出ることはなかったので、世間には「太平洋」という日本語はまだなく、鎖国が解けた江戸末期になってから、英語の「pacific ocean」という言葉が外国から伝わってきていたからだった。

「太平洋」という言葉が日本人の間で定着したのは、明治・大正期になってからといわれている。

木村摂津守が、力強く応じた。

「がんばろう。勝さん」

徳川将軍から命を受けた木村摂津守は、幕府の軍艦を単独でアメリカ国へ差し向けることは、徳川幕府が海外の列強に対して仕掛けた大戦《おおいくさ》だと捉えた。木村の胸には、「必ず成し遂げねばならない」という緊張が走っていた。

胸の奥で反芻《はんすう》した。

「今回のお役目は、徳川様の軍艦を率いてアメリカへ渡るという命がけの戦《いくさ》だ。なにが何でも勝たねばならない。そのためには、伎倆に優れた乗組員をそろえ、万端の軍資金を整えなければならない」

一方の、木村より七歳年上の勝麟太郎は、木村に声をかけたものの内心大いに不満だった。

予想外の幕府人事の発令だった。

勝は、別船の艦長として航海全般の責任者になるものと思っていた。

勝の狙いは、自分が総指揮者となって日本国軍艦をとりしきり、日本人だけで操船し、自力でアメリカへ渡り、渡航の成功を果たすことで、己の才覚を低いと見下している幕閣たちに見せつけることにあった。

そうすることで、門地の低さを補ってあまりある己の巨才を徳川幕府に認めさせようとしたのだ。

ところが幕府は、勝のもう一段上に、七歳年下の木村摂津守を軍艦奉行として据え、司令官《アドミラル》の役目を与えた。

年下の上司に仕えるはめになった勝の心中は、憤怒の思いで一杯だった。

「くそ、おもしろくもねぇ。俺を低く見積もりやがって。幕府のバカどもが」

勝は、城中という場所柄を弁えず、内心を隠そうともせず、ぞんざいな口調で言った。

「でえじょうぶだよ、木村さん。俺たちには、海軍伝習所の仲間や頼りになる塩飽《しわく》や長崎の水主《かこ》がたくさんついてるよ」

軍艦奉行木村摂津守にとって、頭の痛い問題が残された。

それは、「是非、渡米したい」という勝麟太郎の宿志を果たしてやることはできたものの、その処遇は、木村が幕府に願い出たとおりにはならなかったことだった。

晩年を迎えた木村芥舟が家族に語ったところによると、「長崎海軍伝習所時代に第二期新入生の監督を務めた勝麟太郎は、当時は、その良い成績と人柄がみとめられていたが、このときの人事の一件を因《もと》にして、勝の幕府役人に対する抜きがたい身分上の不満が湧き上がってきたようだった」。

木村は、このときの次第を次のように『日記』に記している。

「抑《そもそ》も此の航海は、今度我国より遣わさる使節の海路の警備及び航海練習のため、我が軍艦を派出せんとの議により此事に及びたるなり。然るに西洋諸国にては軍艦に一定の規則ありて、乗組の士官をはじめ夫々相当の位階俸禄を付与し、服章其の他庖《ほう》厨《ちゅう》の事に至るまで、平日よりの準備至極行き届きたるものなるに、我邦は創立日猶浅く、開港の約は已に結ばれしも尚鎖港攘夷の論囂然《ごうぜん》として鼎の沸くが如く、政府の方針も確定せしに非ざれば、軍艦の規則など設けんこと中々思いも寄らず、和蘭より取り入れたる一、二の軍艦ありといえども空しく近海に碇泊して、僅かに運輸用に供するのみ。されば乗組士官も一定の人員なく、僅かに十口或は五、七口の俸米を給するのみ。（注：口は口米《くちまい》のこと。一口米は一日に米五合、五口は一日に米二升五合をいう）。然るを此輩をして万里の波濤を冒し生命を賭するの航海をなさしめんとす。至難の事に非ずと云わんや。

余は出航前此事を政府に上言し、応分の俸給位階を定め、其規則を設けんことを乞いしに毫も省せられず。されば とて余が輩若し此行を辞せば外に代るべき人なく、我国海軍の端緒を啓かんとするの盛挙も忽ち瓦解せんこと、真に千載の遺憾なれば、そは此行を首尾能く終わり後の事と定め、一死を決して其命に従い、乗組の人々にも懇々慰諭し、早々に其準備をなして発纜《ばつらん》（出帆）の運びに至りしなり」

草創期の幕府海軍には、まだはっきりした海軍としての体制、職制が整っていなかった。そのため、勝麟太郎の正式な職名は船将（艦長）ではなく、軍艦操練所の教授方頭取のままだった。

また、勝の俸給は、伝習所時代の百俵扶持から二百俵十五人扶持と二倍になったが、木村への加増とは比べものにならなかった。

勝麟太郎は、高く自己評価していた己の才覚を無視した幕府の役人たちを恨んだ。

「奴らは、俺の才智、能力に見合った処遇をしなかった」

これが、勝麟太郎の幕府に対する抜きがたい不平、不満となり、咸臨丸の往路航海における船の上での木村摂津守への八つ当たりとなり、ひいては、上官である軍艦奉行木村摂津守への勝の無礼な態度が、日本人士官から激しい反発を買う原因にもなった。

勝麟太郎のこの態度は、サンフランシスコに上陸するまで変わることはなかった。

二　福沢諭吉の乗船実現

木村が江戸城内において軍艦奉行を拝命し、摂津守を名乗り、咸臨丸乗組員の人選を一任された直後、築地にあった木村摂津守の邸宅に福沢諭吉と名乗る中津藩江戸屋敷に住む若い武士が訪れてきた。暮れやすい十一月末のことであった。身長五尺七寸（一七三センチメートル）、体重十九貫（七十二キロ）と、木村喜毅に勝るとも劣らぬ体躯の持ち主だった。

木村の義兄に当たる桂川甫周《ほしゅう》の紹介状を携えていた。内容は、「福沢本人の強い希望があることから、是非とも咸臨丸乗組員の一員に加えてやって欲しい」というものだった。

木村喜毅は、「自分の家来のなかには、武士のくせに、大洋を恐れ、ためらっている者がおり、情けなく思っているのに、それは感心な男だ」と関心を抱き、親しく会って、その動機を確かめてみようと思った。

福沢諭吉は、その前の年に、中津藩蔵屋敷がある大坂から江戸に出てきたばかりだった。

二十七歳の福沢は木村に対して、

「中津藩邸内で蘭学を講じている一介の若輩者にすぎません」

と、自らを卑下した言い方で自己紹介をした。

木村摂津守は、福沢の風貌、身のこなし、簡にして要を得た話しぶりからその非凡を察した。話を交わすうちに、福沢の学問と識見の高さを知り、並々ならぬ人物であることを悟った。

桂川甫周の紹介状は、福沢の現状と悩みを詳細に記した丁寧な内容のものだった。福沢が稀なる逸材であることを見抜いた木村摂津守は、その場で福沢諭吉の願いに応え、四歳年下の福沢に向かって同じ目線で答えた。

「福沢さん。ぜひ、一緒にアメリカへ行きましょう」

福沢諭吉は子供の頃から「門閥制度は親の仇でござる」と心に決めて生きてきたが、このとき木村が示した丁寧で、親しげな態度を見て、今までの想いを抜きにして、目の前の門閥家の木村摂津守に対して何ともいえない親近の情を抱いた。

このときの出会いが、終生、互いに「木村さま」「先生」と呼び合う仲の、切っても切れない固い絆の始まりだった。

この頃の福沢諭吉の状況を詳述すると、福沢は完全な自信喪失の状態にあり、また、人生の岐路に立たされていた。

福沢は江戸に下ると、その夏、新しく開港場となった横浜へ江戸から夜通し歩いて行き、外国人に接してみた。

横浜に足を踏み入れるまでは、蘭学は万国に通じるものと確信していた。

ところが、外国人居留地に入ってみると、福沢は、横浜の日本人の商店や外国人の商店に記されている横文字を一字も理解できなかった。

商店の看板も瓶のラベルも読めず、話す言葉も全然通じなかった。

今まで死に物狂いになってオランダの書物を読み、勉学してきたが、現実には蘭学はまったく使いものにならなかった。福沢は、不安で胸が押しつぶされそうになった。福沢は、それまで勉強してきたオランダ語が実地の役に何も立たないことを自ら体験して愕然とした。「世界でひろく使われているのはオランダ語ではなく、英語ではないだろうか」と思った。

やっとのことで、居留地に住む知り合いのオランダ語を解するドイツ人に出会い、筆談で居留地の実情を教えてもらった。

そこで、居留地では英語が公用語として使われていることを初めて知った。

福沢は、自分の努力が水泡に帰したと思うと同時に、英学の必要性を肌身で感じた。今までのように、オランダを介して日本に入ってくる知識で世界を知るのは不十分だと思った。長崎の出島に入ってくる西洋の知識、情報は、所詮、オランダという国を介して、オランダ人の耳が聞き、オランダ人の頭で理解されて日本人に伝えられた、いわば間接話法による西洋に関する伝聞の知識に過ぎなかった。

福沢は、日本人が直接自分の耳で英語を聞き、直接見なければ、正確に海外の情勢を把握、見極めることはできないことを悟った。「自分で直接確かめないとだめだ」という思いを強くした。

このままでは、世界の趨勢を正しく理解できず、また、海外の列強に対抗できず、ひいては、西洋諸国の植民地にされてしまうという危機感を強烈に抱いた。

福沢の鋭い洞察力と柔軟な思考力が、敏感に動いた。

「これからの日本は、英学によって開かれる」

聡明な福沢諭吉は、その場で、蘭学から英学へ転向する決意を固めた。

英学に転じた福沢は、幕府御用の通詞森山栄之助に入門したり、蘭英対訳辞書を入手したりして勉強を始めた。しかし、英語の意味は辞書を片手にどうにかこうにか判るものの、発音とスペリングはどうにもならなかった。

福沢は、焦燥の日々を送った。

そういうとき耳に入ったのが、幕府軍艦咸臨丸の米国派遣であった。軍艦奉行は木村摂津守であることを知った。

しかも、西洋の事情に明るく、アメリカに関する知見が豊富な中浜万次郎が通訳として加わるという噂も耳にした。

福沢は、英学を学び、英語に接し、西洋の事情を知ることができる千載一遇のチャンスだと思った。

「自分の目で直接確かめることができる」

何がなんでも咸臨丸に乗って、アメリカへ行きたいと思った。

そこで福沢は、日々親しく出入りしていた蘭学の総師七代目桂川甫周（三十三歳）に頼み込み、桂川の義理の弟に当たる木村摂津守への紹介状を書いてもらった。

福沢の懊悩に気がついていた師の桂川甫周は、義弟の木村摂津守宛に細々とした紹介状を書き、愛弟子福沢諭吉に持たせた。

福沢は、師桂川甫周の温かな配慮により木村に会うことができ、その結果、咸臨丸への乗船が叶い、軍艦奉行木村摂津守の従者としてアメリカへ渡れることになり、内心大いに喜んだ。

「出発は来年になろうが、アメリカへ行く乗艦はどれがいいか、なかなか決まらないで困っている。艦長は勝麟太郎。長崎の海軍伝習所の第一回生で、なかなかできた男だ」

福沢はそういう話も聞かされて、はずんだ胸を抱いて木村邸を辞した。


桂川家は、六代将軍徳川家宣から代々将軍家に仕える蘭学の奥医師であった。奥医師とは将軍やその家族、大奥の女性の診察や治療にあたる医師のことで、特に七代目桂川甫周は、外科の最高の地位である法眼《ほうがん》を務め、江戸築地の中通りにある桂川家は蘭学の総本山と見なされていた。

七代目甫周はオランダ流の外科を専門として、漢方医が多い奥医師のなかでは、ひときわ異彩を放っていた。

また、当時、日本人がオランダ人に接触することが厳しく制限されていたなか、桂川家だけは、毎年、長崎出島のオランダ商館長が将軍に拝謁するため江戸城に赴いて来た際に、オランダ人と直接に対談することを徳川将軍から特別に許されていた。

そのため、桂川家には連日、海外の最新情報を求めて、柳河春三、神田孝平、箕作秋坪、成島柳北、宇都宮三郎などの蘭方医や蘭学者がこぞって出入りしていた。

江戸に出てきた福沢諭吉も、日ならずして桂川の蘭学サロンに加わった。


逸話となるが、桂川甫周は、弘化四年（一八四七）、数え年二十一歳のときに十二代将軍徳川家慶の奥医師となり、次いで法眼に叙せられた。

福沢諭吉が桂川家に出入りし始めた安政五年（一八五八）から遡ること十二年前のことであった。

その頃のある日、浜御殿に遊びに来た将軍徳川家慶が、そのときの浜奉行木村喜彦（木村摂津守の父）に命じて言った。

「又助、娘の久邇《くに》を桂川家に嫁がせよ。仲立ちは余じゃ」

将軍家慶は、たいへんな才媛であった木村喜彦の娘久邇を、蘭学の総帥であり、将軍家お気に入りの奥医師桂川甫周に娶らせることが最高の組み合わせだと考えた。

木村久邇は、器量がよく、舞などの芸ができ、薙刀や馬などの武芸にいたるまで優れ、片手で碁盤の上に碁石を置いたまま持ち上げたという。碁も二段の腕前だったという。

将軍の一言で、木村家と桂川家は姻戚関係になった。

さらに、桂川甫周について書き加えると、甫周には、「てや」という三歳年下の妹がいた。

「てや」は、天保十一年（一八四〇）四月、十一歳のとき江戸城大奥にあがった。人柄は穏やかで、周囲の女中たちからも好かれ、陰日向なく真面目に働いて大奥の局の信頼を得て、中臈・花町の部屋子となった。

次いで、翌天保十二年に大御所の徳川家斉の正室（御台所）・広大院付の中臈に引き立てられた。

「てや」は、大奥に上がってから僅か一年余りで異例の出世を遂げた。

ところが、天保十五年（一八四四）五月に江戸城本丸の大奥長局から出火した火事の際、高齢の花町が炎の中に取り残されたため、先に助け出された広大院の命を受け、「てや」は花町を救出すべく火事の現場にとって返し、燃え盛る火の海に飛び込んだ。

しかし、どうしても花町の姿を見つけ出すことができず、主人・広大院の命を守って花町を探そうと必死に現場に踏みとどまり、紅蓮の炎に身を焦がして命を落とした。

「てや」は、焼死する寸前、炎から逃げ出す女中たちに「燭台を持った遺体が見つかったら、それは私です」と言い遺し、炎の中に突き進んだ。享年十六歳だった。

時の将軍徳川家慶は、「てや」の身命を賭した見事な奉公ぶりと潔い死に様に感涙して「大奥女中の鑑」と讃え、「恵光院殿」という異例ともいえる高位の戒名を贈った。

木村家と桂川家の姻戚関係の成り立ちは、このような徳川将軍家の両家に対する深い思い入れと両家に対する身内意識が根底にあってのことだった。

三　咸臨丸乗船員の決定

福沢諭吉が木村摂津守邸を訪問した時期に合わせるように、咸臨丸の乗組員士官とその従者が、次の通り決定、発表された。

木村を含め二十六名。

これは、軍艦奉行木村摂津守が腐心して選抜、編制を行ったものだった。

木村は、公用方を除く全員を長崎海軍伝習所の出身者から選出した。

木村が心底から頼りにし、伎倆も抜群に優れた人たちだった。

軍艦奉行　木村摂津守喜毅　三十一歳　幕臣
教授方頭取　勝麟太郎義邦　三十八歳　幕臣
教授方　砲術方・運用方　佐々倉桐太郎義行　三十一歳　幕臣
同　鈴藤勇次郎敏孝　三十五歳　幕臣

教授方　運用方	浜口興右衛門英幹	三十一歳	幕臣
同	小野友五郎広胖	四十四歳	幕臣（笠間藩）
同	伴鉄太郎	三十五歳	幕臣
教授方手伝　運用方	根津欽次郎	二十一歳	幕臣
教授方　測量方	松岡盤吉	三十一歳	幕臣
教授方　蒸気方	肥田浜五郎為良	三十一歳	幕臣
同	山本金次郎	三十五歳	幕臣
教授方手伝　測量方	赤松大三郎則良	二十歳	幕臣
教授方手伝　蒸気方	岡田井蔵	二十四歳	幕臣
同	小杉雅之進	十八歳	幕臣
通弁方	中浜万次郎	三十四歳	幕臣（土佐藩）
公用方	吉岡勇平政成	三十二歳	幕臣
同	小永井五八郎岳	三十二歳	幕臣
医師	牧山修卿	二十七歳	（松前伊豆守近習医）
牧山医師見習	田中秀安		
医師	木村宋俊		（松平伯耆守付医者）

木村医師見習　中村清太郎　（木村家用人）
木村摂津守従者　大橋栄二
福沢諭吉　二十七歳（中津藩）
秀島藤之助　（佐賀藩）
長尾幸作　二十六歳（蘭医・坪井芳州門下生）
齋藤留蔵（鼓手）　十六歳　（壬生藩）
（年齢は、太平洋横断時のかぞえ年齢）
《乗組員名簿は「咸臨丸子孫の会」ホームページより》

教授方というのは、多くは長崎海軍伝習所の一期、二期生で、築地講武所の後に置かれた海軍教授所の教官たちで、草創期の海軍のエリートたちであった。

以下、著者の知り得る範囲で士官の紹介をすると次のとおりである。

まず、砲術方・運用方の佐々倉桐太郎《さ さくらきりたろう》は、長崎海軍伝習所第一期生で、その前、アメリカのペリー提督が初めて来朝のおりは、浦賀奉行として活躍した。筆頭におくべき幹部であったという。

鈴藤勇次郎《すずふじゆうじろう》、松岡磐吉《まつおかいわきち》、肥田浜五郎《ひだはまごろう》の三名は、伊豆韮山の代官江川太郎左衛門の配下にあった者だが、やはり長崎海軍伝習所で学んだ者である。

小野友五郎《おのともごろう》は、常陸（茨城）笠間藩の和算家で、長崎海軍伝習所では測量術を学んだ。

浜口興右衛門《はまぐちおきえもん》、山本金次郎《やまもときんじろう》も、長崎海軍伝習所の第一期生である。

伴鉄太郎《ばんてつたろう》も伝習生であった。

赤松大三郎、岡田井蔵、根津欽次郎、小杉雅之進たちも、長崎海軍伝習所で伝習を受けた青年たちであった。

従者として、随行を頼みこんだ福沢諭吉は、こうした士官たちとはおのずから職分は別であり、ほかに四名ほどいた木村の従者と、同じ船室に座りこんだ。

そのなかに、十六歳の少年がいた。大切そうに小さな太鼓を持っていた。江川太郎左衛門の配下だった。

「私は斎藤留蔵《さいとうとめぞう》といいます。鼓手《こしゅ》です」

はきはきした口調で自己紹介をし、バチで太鼓をたたく仕草をした。

長尾幸作《ながおこうさく》は、福沢諭吉と同年で、医学の勉強を志していた。山陽筋の医師の息子で、蘭学を修めていたが、安政六年江戸に上がり、英学の必要をさとり良師を求めていた。

大橋栄二《おおはしえいじ》は木村家の用人、秀島藤之助《ひでしまとうのすけ》は佐賀藩出身で、米国視察が主な目的であった。

さらに、慎重な性格の木村摂津守は、わが邦人だけでいきなり真冬の大洋に乗り出すのは危険が多く、困難を極めるだろうと予想した。木村は、今回の航海を成功させるためには、帆船操作の経験が豊富な熟練したアメリカ人船員の支援が絶対に必要だと考えた。

しかし木村は、「勝麟太郎にこのことを言えば、我々を低くみるなと怒るだろう」と考えて、密かに、幕府の上層部を通して、アメリカ公使ハリスに対し、アメリカ人船員の同行と航海案内の協力依頼を打診した。

その結果、浮上してきた人材が、日本近海で台風に遭遇して乗っていた帆船が損壊、航行不能となってやむなく横浜に上陸し、日本に逗留していたアメリカの深海測量船フェニモア・クーパー号船長のアメリカ海軍大尉ジョン・マーサー・ブルックおよびその乗組員、合計十一人の人たちだった。

ブルック大尉は、十五歳で海軍に入り、当時三十四歳の熟練の帆船乗りであるばかりでなく、アメリカ海軍随一の航海経験者であった。六年前にペリーが来日した当時は、測量船で中国、日本、ベーリング海まで航海した。今回はアメリカ西海岸のサンフランシスコからホノルル、マニラ、香港、琉球を経た後、不運にも日本近海で船が台風で損傷して航海を続けることができなくなり、七月にやむなく横浜に上陸した。ブルック大尉は五ヶ月余り日本に滞留して、帰米する機会を待っていた。

木村摂津守の来訪を受け、その願いを聞いたブルック大尉は大いに喜び、随伴艦への乗船の希望と航海の協力を積極的に申し出た。

しかし、勝麟太郎だけではなく、士官たちの間にも、今回の航海は日本人の力だけでやるべし、という意見が根強くあった。

なぜなら、自分たちが長崎海軍伝習所で積み重ねてきた航海の伎倆を大洋に出て実際に試してみたいという思いがあること、また、世上に攘夷の勢いが広まっていたことから、異人の力は借りない方がよいという雰囲気になっていたからだ。

しかし、軍艦奉行の木村摂津守は、困難が予想される外洋航海の前途を危ぶみ、アメリカへの単独横断航海という日本人初の挙に挑戦するためには、ブルック船長以下のアメリカ人船員の操舵技術と経験を欠かすことはできないと考えた。

その年、安政五年の十二月二十五日、木村は渋る勝麟太郎を説き伏せ、中浜万次郎を伴い幕府軍艦の咸臨丸で横浜に赴き、勝をブルック船長に引き合わせた。また、ブルック船長に咸臨丸を見せ、四人で半日近く話し合った。

咸臨丸は、安政四年（一八五七）に徳川幕府がオランダから購入した帆船で、全長約五〇・九メートル、幅約七・三メートルの百馬力蒸気帆船。排水量六百二十五トン、三本マストの軍艦（砲十二門）だった。

判断の切り替えが早い勝麟太郎は、ブルック大尉に自ら接してみて、大尉の人物、力量を見抜き、咸臨丸の航海案内に必要な人物であると考えた。

勝は、「己の栄達のためには、この亜人の力が必要だ」と判断を変え、ブルック大尉の乗船に同意した。

当時、幕府の内部では、別船とする軍艦の候補船として、観光丸（三百五十三トン）と朝陽丸（三百トン）の二隻が検討の対象とされていた。しかし、この日の会談の場で、観光丸は外輪船であるから、構造上、荒海の大洋航海に不向きであろうという見解がブルック大尉から出された。一方の朝陽丸は螺旋船《スクリュー》で、長期航海にはプロペラ推進機器が適しているという世界の趨勢からみて、朝陽丸が別船に適しているという意見の一致が一度はあったものの、幕府内の諸事情がからんで、朝陽丸を候補船から外さざるを得なくなった。

そして、最終的に、同じ螺旋船《スクリュー》の咸臨丸を別船として派遣する案が浮上し、ブルック大尉も、これに賛意を示した。

このように、ブルック大尉は別船としての咸臨丸の選定を含め、日本人初の大洋横断の成功を真剣に考え、いろいろと知恵を出してくれた。

木村と勝は、ブルック大尉の熱心な話しぶりと細かな忠告の内容から、ブルック大尉の随伴艦への乗船と協力の申し出の真意が、「日本の軍艦が渡米する機会を利用して自分たち十一人が母国アメリカに帰国するということよりも、むしろ、ブルックたちアメリカ人船員が横浜に滞留している間に日本人から受けた親切に報いるため、日本人にとって未経験の大洋横断航海を成功させる力になりたい」という義侠心にあることに気がついた。

ブルック大尉の心意気を感じ取った勝は、ここは一番、自分のリーダーシップを士官たちに見せておく必要があると考え、胸を叩いて木村に言った。

「まかせておけ、木村さん。俺が、士官の連中を説き伏せてみせる」

年長の勝が、木村に張った見栄だった。

咸臨丸に乗り込み、日本人を支援するアメリカ人船員は次の十一名だった。

アメリカ海軍大尉　ジョン・マーサー・ブルック
事務長　チャールス・ロジャー
砲手　チャールス・フォルク
外科医　ルシアン・P・ケンダル
操舵手　アレクサンダー・モリソン
掌帆手　チャールス・スミス
帆縫工　フランク・コール
海図専門家　エドワード・M・カーン（士官待遇）
水夫　ジョージ・スミス
水夫　アクセル・スメドボルグ
調理人　ジェームス・バーク

《乗組員名簿は「咸臨丸子孫の会」ホームページより》

さらに、中浜万次郎（ジョン万次郎）が通弁方として咸臨丸に乗船することになったのも、木村摂津守の強い希望と幕府に対する執拗な働きかけによるものだった。

木村は、渡米計画の早い段階から中浜万次郎の乗船を老中に強く掛け合った。

当初、老中たちは、中浜万次郎はアメリカで教育を受け、アメリカに恩義を持つ人物だから、アメリカ側の肩を持って、アメリカに有利な通訳をするのではないかという疑念を抱き、万次郎の通訳起用に反対した。

だが、木村摂津守は、万次郎が船や航海について熟知していること、帆船乗りとして世界一周の熟練した経験があること、時化に遭い急変のとき大いに役に立つ人物であることなど、万次郎乗船の必要性を粘り強く説き、老中を納得させた。

このとき、中浜万次郎はブルック大尉と同じ三十四歳。

ブルック大尉と万次郎は会うやいなや百年の知己の如くに仲良くなり、英語でフランクに意思の疎通を図り、咸臨丸を無事にサンフランシスコへ到達させることを誓い合った。そして万次郎は、人目につかぬようにしながらブルックと固い握手を交わした。

ブルック大尉は、初めて万次郎に会ったときの印象について、次のように記している。

「万次郎は背が低く、肩幅は広くがっちりした体躯で、知性にあふれた顔をしている。唇を厚く結び、表情には強い意志を表している」（キャプテン・ブルック『咸臨丸日記』）

このようにして、軍艦奉行木村摂津守喜毅は、長い鎖国にあった日本から未知の外国へ出て行くための万全の陣容を整えた。

ブルック大尉らアメリカ人船員十一人の乗船および中浜万次郎の通訳起用は、咸臨丸の太平洋航海を成功させるための鍵だった。

もし、日本人だけで操船していれば間違いなく、咸臨丸は往路航海の途中で沈没していたに違いない。

万次郎は、文政十年（一八二七）一月二十三日、土佐・中の浜の半農半漁の家の次男として生まれた。父は悦助、母は汐といい、兄と二人の姉と一人の妹がいた。万次郎が九歳のときに、父親が妻と五人の子供を残して病死した。長兄は病弱で仕事ができず、次男の万次郎は十歳を過ぎる頃から、兄に代わって働きに出て、一家を養った。天保十二年（一八四一）正月五日、十四歳のとき、万次郎は初めて経験する延縄《はえなわ》漁で海に出たが、土佐沖で冬場の時化に襲われ、そのまま海流に流された。

万次郎は、漁師仲間である、最年長で船頭役の伝蔵とその弟で漁師の五右衛門、重助の三兄弟、そして、同じく漁師の寅右衛門の四人と共に小舟で六日間漂流した後、伊豆諸島の最南端に浮かぶ鳥島という周囲一里（四キロ）余りの絶海の無人の火山島に漂着した。

その孤島で、万次郎は毎日お陽《ひ》さまに無事救出の願《がん》をかけながら、百四十三日の間生活した。食糧は、主として海辺で捕れる魚貝と、島に飛来するアホウドリの肉だった。

ようやく万次郎の願いがお陽《ひ》さまに通じて、アメリカの捕鯨船ジョン・ハウランド号に偶然発見され、万次郎は仲間四人と共に救出された。

ジョン・ハウランド号は、三百七十七トン。米国東海岸マサチューセッツ州のニューベッドフォードに船籍を持つ帆船で、七つの海を駆ける西洋捕鯨船の中でも大きいほうの船だった。

その頃の日本は鎖国を続けており、「異国船打払令」が出ていたため、五人は日本に帰ることができず、万次郎を除く年上の四人は寄港先のハワイ・オアフ島ホノルルで下船し、ハワイに滞在する道を選んだ。

万次郎は、船長のウイリアム・H・ホイットフィールドに頭の良さと回転の速さを見込まれ、船長に同行してそのまま捕鯨の航海を続けた。

万次郎は毎日、捕鯨船の船上で陰日向なく懸命に働いた。乗組員たちはこの働き者の万次郎を、船の名をとってジョン・マン（John Mung）と呼んで可愛がった。

ジョン・ハウランド号は、万次郎が乗船した後、ニューギニア、タヒチ、グアムに寄港し、南米ケープホーンを通過し、百リットル以上入る大樽二千七百六十一個分の鯨油と、日本人ジョン・マンを含むポーランド人、フランス人、イギリス人、イタリア人などいろいろな人種の乗組員三十四人を乗せて、一八四三年に母港ニューベッドフォードに帰港した。延べ三年半にわたる外洋航海だった。

万次郎は十六歳。日本を離れて約二年、ジョン・ハウランド号の船上で、いろいろな人種の人たちに交じって働いた。これが、後々の貴重な経験となった。

アメリカ本土に上陸した万次郎は、ホイットフィールド船長の強い希望によって船長の養子となり、マサチューセッツ州ボストン南部にある港町フェアヘブンの船長の故郷の家で、船長と一緒に暮らした。

ホイットフィールド船長は、万次郎と生活を共にしながら、万次郎は英語の習得が早く、周囲のアメリカ人とのコミュニケーションもよく取れ、アメリカの生活習慣に素早く溶け込める資質を充分に持っていることを見抜いた。

そして、一八四三年（天保十五年）に万次郎をオックスフォードの小学校ストーン・ハウス・スクールに入学させ、算数を学ばせ、アルファベットを覚えさせ、英語の読み書きやペン字を習得させた。

万次郎は、ホイットフィールド船長によって、アメリカ社会でアメリカ人として生き抜くための心構えと基礎教育をたたき込まれた。

万次郎はホイットフィールド船長の期待に応え、クラスで首席の成績を収めた。

次いで船長は、一八四四年（弘化元年）に、バーレット・アカデミーという航海学の専門学校に万次郎を通学させて、英語、数学、測量、航海術、造船技術など航海に必要な高度の教育を施した。

ジョン・マンは、当時のアメリカで航海者のバイブルという評価を得ていたナザニエル・ボーディッチ著の『新アメリカ実用航海術概要』という航海学書を手に入れ、これを読み、熱心に勉学に励み、首席となった。

また、民主主義や男女平等など、日本にはなかった新鮮なアメリカの生活と文化を経験した。

しかし同時に、教会への立ち入りを拒絶されるなど、激しい人種差別や陰湿ないじめにも遭った。

そして万次郎は、三年間の学業を終えると再び捕鯨船に乗る道を選んだ。「太陽と海は、すべての者に公平だ」と、思ったからだ。

万次郎が乗り込んだ船は、フランクリン号という捕鯨船だった。

ジョン・マンは、フランクリン号で世界の海のすみずみまで航海するうち、高度の操船技術を身につけた。

あるときは、海底を泳ぐ大きなウミガメを見つけ、太平洋の真ん中で、単身、ナイフを口に銜《くわ》えて船から海に飛び込み、首尾よくウミガメを仕留めて、仲間の食糧に供した。

船乗り仲間は、危険をかえりみず自分たちのために働いたジョン・マンに向かって、足で甲板を踏み鳴らしてその勇気を褒め称えた。

仲間の信頼を得た万次郎は、日本人ながら外国人乗組員全員の賛成で、精神が錯乱したため排斥され、船室に閉じ込められた船長の代わりとなる副船長に選出され、その後の航海の全責任を負わされたこともあった。

さらに、万次郎は、捕鯨の中心的役割である銛《もり》打ちに選ばれた。そして、同僚の誰もが驚くような捕鯨の実績をあげ、一目置かれる存在になった。

万次郎は、肌で感じた。

「海の上では、操船技術と仕事の実績の有り無しが評価の分かれ目だ」

クジラを見つけると、万次郎はこぎ舟の舳先に立ってクジラに向かって銛を投げ続けた。万次郎の銛を受けたクジラは血潮を噴き、のたうちまわり、死んでいった。そういう海の上の生活を繰り返し、クジラやウミガメの赤い血を見る毎日が続くうちに、万次郎は、殺生がだんだん嫌になってきた。

もう捕鯨は終わりにしようと思った。急に、万次郎の胸に、故郷に残してきた母や姉妹の顔を見たいという願望が湧きあがった。

嘉永二年（一八四九）、日本に帰ることを決めた万次郎は、帰国の資金を得るため、ホイットフィールド船長の許しを得て、ゴールドラッシュに沸くサンフランシスコへ向かった。

ニューベッドフォードを出港し、西海岸サンフランシスコで蒸気船に乗り換え、丸一日かけて金山の入口サクラメントに到着した。そして、サクラメントから列車に乗った。

列車は万次郎が初めて体験するアメリカの文明だった。窓の外の景色が飛ぶように流れていった。

万次郎は胆をつぶした。

「アメリカには、海の上を速く移動する大きな船だけでなく、陸の上にも、ものすごく速く移動する乗り物がある」

列車を降りると、さらに、荷物を馬に乗せ換えて、険しい山を越えて金山に入った。万次郎は、そこの金山で約七十日働き、六百ドルを稼いだ。当時、水夫の月給が約十七ドルだったので、万次郎はかなりの大金をわずか二ヶ月余りで手に入れたことになる。万次郎は、それを元手にしてサンフランシスコから客船に乗り、ハワイ・オアフ島へ向かった。

ホノルルで、土佐の漁師仲間と再会した。一緒に漂流した仲間四人のうち、重助は既に死亡しており、寅右衛門はハワイ人と結婚していたので、ホノルルに残留することを希望した。

そこで、帰国の望みを持つ万次郎と伝蔵、五右衛門が上海行きの商船セアラ・ボイド号に乗り込み、日本へ向けて出発した。

嘉永四年（一八五一）一月三日、万次郎たちは太平洋の上で、セアラ・ボイド号から手こぎの小舟に乗り換えて、薩摩藩に属していた琉球の摩文仁海岸に上陸した。

上陸した途端、万次郎らは島の役人に捕まり、約半年近く番所で尋問を受けた。

そして、同年八月に薩摩本土へ送られた。

鎖国状態の日本へ帰国した万次郎たちは、薩摩藩の取り調べを受けたものの、思いのほか厚遇され、開明的な藩主で、外国の文明を積極的に取り入れようとしていた島津斉彬から直々に、海外の情勢や文化について詳細な質問をいろいろ受けた。

斉彬は万次郎に酒をすすめ、アメリカの政治や軍事力を尋ねた。

万次郎は丁寧に説明した。

「アメリカは世界一の強国です。アメリカに逆らえば、日本はひとたまりもないことでしょう。アメリカには代々続く王室などはありません。すぐれた知識と能力がある市民が、入り札（選挙）によって、国の指導者に選ばれます。指導者の役目は四年の間続きます。この指導者はアメリカ合衆国大統領と呼ばれます。大統領の生活はとても質素で、馬に乗って移動するときも、お付きの人間は一人だけです。

アメリカには身分による分け隔てはありません。庶民も役人になる機会が平等にあります。生まれや家柄は一切関係がありません。国民一人ひとりが、努力次第で能力に見合った地位につけます。一人ひとりの意見や希望を大切にするのがアメリカという国です」

島津斉彬は興味深げに耳を傾けた。斉彬にとって万次郎の外国の知識は望ましいものであり、万次郎たちは脱国の重罪人というよりも、むしろ、賓客としての扱いを受けた。

薩摩藩での取り調べの後、万次郎たちは天領である長崎へ送られ、江戸幕府の長崎奉行などから長期間にわたり厳しい尋問を受けた。

万次郎は、長崎奉行所でキリストを抱いた聖母マリアの絵を踏まされた。踏み絵というものだった。万次郎は、キリスト教徒でないことを証明させられたうえ、アメリカから持ち帰った文物すべてを没収された。

その後、万次郎らは土佐藩から迎えに来た役人に引き渡され、土佐に帰った。幕府は、万次郎たち三人を土佐藩に引き渡す際に藩に条件をつけた。それは、「三人を勝手に土佐領外へ住まわせてはならぬ。死亡のときは幕府へ届け出よ」というものだった。当時の土佐藩主は山内容堂。進歩的な考えを持った藩主で、藩政改革を進め、吉田東洋を郡奉行から藩の大目付に抜擢していた。

吉田東洋と藩士たちは、容堂の意向に沿う形で万次郎を取り調べた。形式は尋問ながら、実質は面談であった。蘭学の素養のあった絵師河田小龍が同席した。容堂も東洋も河田も、万次郎から聞く欧米の事情に熱心に耳を傾けた。

土佐は海岸線が長く、外国船が接岸する可能性が多かった。このため、早くから海防に意を注いできた土佐藩は、外国船の接近に対処するためにも、万次郎の見聞を重く扱った。

万次郎は、吉田東洋たちによる聞き取りの二ヶ月後に帰郷が許された。日本への帰国から約一年半後の嘉永五年（一八五二）十月五日、漂流から十一年目にして、ようやく故郷、中の浜に戻ることができた。

帰郷後すぐに、万次郎は土佐藩の士分に取り立てられ、藩校「教授館」の教授に任命された。そこで万次郎は、英語や海外の情勢を講じ、後藤象二郎や岩崎弥太郎などを教えた。河田小龍を介して万次郎の見聞を聞いた坂本龍馬も、世界に目を向けるようになった。

土佐以外でも、勝麟太郎、榎本武陽、福沢諭吉などが万次郎の存在を知り、強い影響を受け、触発された。

翌年、万次郎の身辺に大きな変化が起きた。

嘉永六年(一八五三)六月三日、アメリカ東インド艦隊司令長官マシュー・カルブレース・ペリーが黒い塗装の蒸気船二隻と帆船二隻を率いて、江戸湾の入り口、浦賀沖に突然現れた。

日本遠征艦隊のペリー提督(五十九歳)は、前年の嘉永五年(一八五二)十月に軍艦四隻を率いて、アメリカ東海岸の軍港ノーフォーク(バージニア州)を出発し、大西洋を渡り、アフリカ南端喜望峰を回ってインド洋に入り、シンガポール、香港、台湾を経由して日本に到った。黒船艦隊は旗艦サスケハナ号とミシシッピ号、プリマス号、サラトガ号の四隻だった。

当時の江戸湾の防備は、浦賀周辺に百門近い大砲が据えられていたが、射程距離はせいぜい五百メートルだった。ペリー艦隊は浦賀沖約千五百メートルの距離に南北一列に停泊した。これは、江戸幕府の陸上砲台からの射程外で、しかも、ペリー艦隊の射程距離約千六百メートルの大砲からは、陸上の全砲台と浦賀の町が艦砲射撃の射程内に入る陣取りだった。

ペリーは、黒船に護衛させて測量艇を江戸湾深くに進入させて、強引、かつ精力的に江戸湾の測量を行った。ペリーの狙いは、第一に、圧倒的な武力の差を日本人に見せつけ、江戸城の目と鼻の先で測量を強行して幕閣たちを威嚇すること、第二に、艦隊を江戸湾に進入させた場合の良好な停泊地を探っておくことにあった。

しかし実際には、幕府は、ペリー来航に先立つこと一年前の嘉永五年六月に、長崎の出島に着任したオランダ商館長ヤン・ドンケル・クルティウスが長崎奉行に提出した「別段風説書《べつだんふうせつがき》」という文書によって、「アメリカが日本との条約締結を求めており、近々、ペリーを司令官とするアメリカ艦隊が陸戦用の兵士と兵器を搭載して江戸湾に来航するであろう」という情報を得ていた。

この情報に接した老中首座阿部正弘は、外交は幕府の専権事項であったが、幕府の海岸防衛御用掛だけに対してではなく、慣例を破り、諸大名から幕臣にいたるまで広く国内に意見を求めた。しかし、海岸防衛御用掛からは、「通商条約は結ぶべきではない」との回答があり、また、長崎奉行からは、「オランダ人の情報は信用できない」との意見が寄せられたため、結局、この情報は幕府内の奉行以上に留めおかれ、来航が予想される浦賀の与力たちには伝えられなかった。

このときに幕府が採った対策は、わずかに、三浦半島の防備を担当する川越藩、彦根藩の兵士を約百五十人増強し、常駐させる程度のものにとどまった。

ところが、現実に、今まで見たこともない大きなアメリカの黒船が四隻も来航して江戸と目と鼻の先に停泊し、各艦から十七、八人の水兵を乗せた測量艇を一艘ずつ下し、江戸湾深くに進入し、海の深さを測量し、海岸の防備体制を偵察するなどの示威行為を繰り返した。さらには、炸裂弾を発射できる最新式のベクサン砲十六門を含む六十三門の大砲を備えた四隻の軍艦から陸地に向かって八十数発の空砲を撃ち続け、江戸湾に轟音を鳴り響かせるなど、アメリカと日本の国力と軍事力の圧倒的な差をまざまざと見せつけた。

それまでペリーの来航をあまり深刻に考えていなかった幕府役人は大いに怯え、周章狼狽した。

このように、対日外交手段として日本を武力で威嚇する砲艦外交を展開したペリー提督は、浦賀の南隣の久里浜において、幕府全権委員の浦賀奉行戸田伊豆守氏栄、井戸石見守弘道らの幕府役人に対して、ミラード・フィルモア大統領（十三代）の親書を強引に突きつけるように手渡し、日本の速やかな開国を強く求めた。

親書には、「太平洋を航行するアメリカの捕鯨船などの蒸気船が食糧や水を補給したり、台風で遭難したりしたときには、日本の港に入ることを認めよ」と記《しる》されてあった。

幕府は返答に窮し、将軍家慶が病気であって直ぐには回答できないことを理由にして、返答まで一年の猶予を求めた。

ペリー提督は、何の回答も出せない幕府の弱腰外交を見るや、強圧的な物言いで一年後の再度の来航を告げ、六月十二日に江戸湾を退去し、香港へ戻った。

こうして、ペリーが練った日本への開国要求作戦の第一ラウンドは終わった。

わずか十日間の出来事だったが、ペリーが去ったあと、老中安部正弘は、未曾有の国難に直面して頭を悩ました。開港の要求を拒否し、外国船を武力で打ち払う攘夷《じょうい》は、圧倒的な軍事力の差のもとでは不可能だった。

ペリーの砲艦外交に慄《おのの》いた幕閣は、同月十九日、海防問題に強い関心を持ち、自ら下田で警備にあたっていた伊豆韮山代官の江川英龍《ひでたつ》（太郎左衛門、号は坦庵）を、急遽、幕府勘定吟味役方に任じて幕政に参画させた。

江川英龍は着任するや、ペリーの二回目の来航に備えて海防策に取り組み、その年の八月から翌年五月までに総工事費約七十五万両を投入して、江戸湾の品川沖に五基の砲台を築いた。お台場である。

併せて、江川英龍は、海外の事情に詳しい人材の登用が必要と考え、土佐藩の万次郎を自分の片腕として配属するよう幕府に願い出た。

幕府は、すぐさま江川の願いを容れ、六月二十日付で土佐藩に万次郎召し出しの命を出した。

これを受けて万次郎は、江戸鍛冶橋の土佐藩上屋敷に入った。

万次郎は、江戸到着後、落ち着く間もなく老中からの出仕命令を受け、首席老中阿部正弘、勘定奉行川路聖謨《としあきら》、江川英龍など主要幕閣の前で、アメリカの国情、政治、経済、海軍の実態、国民性などについて詳細な説明を行った。

万次郎は、薩摩藩の島津斉彬に説明した内容に加えて、次のようなアメリカの思惑や内情を説明した。

・アメリカは、以前から、日本と友好関係を築くことを強く望んでいる。
・日本は、アメリカの捕鯨船が遭難したとき、乗組員への対応が非常に過酷で、あたかも罪人同様に扱う。
一方、アメリカ国民は、人間はすべて平等と考えているから、たとえ国交のない国の者であっても、遭難したときは、私にしてくれたのと同じように手厚く保護する。
・アメリカの日本との国交樹立の目的は、捕鯨船が難破したときの乗組員の救助と保護にあり、併せて、燃料や水の補給基地として日本に寄港できるようにすることにある。
・アメリカは、日本本土に対する領土的野心は持っていないと思う。
・アメリカは、日本の外交の窓口が長崎であることは承知しているが、ペリー提督が再来日するときは、必ず浦賀あるいは江戸へ直接入港するだろう。
なぜなら、アメリカは、長崎にいるオランダを介在させずに、江戸にいる徳川幕府の最高位の外交責任者と直接に交渉を行う方針だからである。

さらに万次郎は、アメリカで身をもって体験した自由と平等の精神およびアメリカの国家体制は日本の封建制度と全く異なることなどを説明し、時代はもはや鎖国ではなく、開国のときであることを力説した。日本の港を開き、外国との通商を重視すべきことを強調した。

万次郎の的を射た解説は、ペリーの再来日に慄く幕閣にとって、貴重な知識になった。

万次郎の存在を高く評価した幕府は、万次郎に直参旗本の身分を与え、生まれ故郷の地名を取って「中浜」の苗字を授け、中浜万次郎と名乗らせた。

江川英龍の配下となった中浜万次郎は、軍艦奉行所教授に任命され、造船の指導、測量術、航海術の指導に当たり、同時に、英会話書『日米対話捷径』を執筆、その他、英書の翻訳、講演、通訳、英語の教授など精力的に働いた。この頃、大鳥圭介、箕作麟祥などが中浜万次郎から英語を学んだ。

嘉永七年（一八五四）一月、ペリーは香港で徳川家慶の死を知ると、予告した一年後を待たずに、急遽同月十六日に日本に再来航した。

今度は、軍艦七隻を率いてきた。前年六月には四隻だった黒船を七隻と増強し、徳川幕府への圧力を一段と強める姿勢を取った。新たな大型大砲を装備してきて、武力の差を歴然と見せつけ、砲艦外交をさらに強めた。

再度江戸湾深くに進入して圧力をかけるペリーに対して、浦賀奉行は浦賀沖に出るよう要求したが、射程距離の長い大砲百二十八門を搭載したペリー艦隊はこれを完全に無視した。

やむなく幕府は、妥協案として、江戸から離れた浦賀か鎌倉での交渉を提案したが、ペリー提督は受け容れず、江戸に近い場所での交渉を要求した。

苦渋した幕府は、神奈川宿の対岸にある横浜村で外交交渉に応じることで決着を図った。当時の横浜村は、東海道神奈川宿から離れた場所の半農半漁の寒村だったが、ペリーは横浜の地が江戸に近く、錨泊水域も広く安全であることから、横浜村を交渉地とすることに同意した。

また、ペリー艦隊から見れば、この位置は浦賀沖と同様に、幕府の陸上砲台からの射程距離外で、逆に、艦隊からは陸上砲台は艦砲射撃の射程内にあった。

このとき徳川幕府がペリーに回答した条約締結の条件は、アメリカ大統領の親書のうち、「石炭、食料の供給と難破した船の乗組員の救助」は認めるが、「交易は、人道上の目的とは関係ないので、あくまでも拒否する」というものだった。

ペリー提督は、和親条約の早期締結を最優先事項と判断し、日本の回答を条件付きで受け容れた。条件とは、条約内にアメリカから領事を派遣するという一項目を入れ、日本を再交渉の場に引き出すという狙いを残したものだった。

こうして、嘉永七年（一八五四）三月三日、日米和親条約（神奈川条約）が調印された。徳川幕府は、開国に踏みきり、下田と箱館（函館）の二港を開いた。寛永十六年（一六三九）から二百十五年続いてきた日本の鎖国の時代は終わった。

下田駐在の初代アメリカ総領事に任命されたタウンゼント・ハリスは、安政三年（一八五六）六月、下田に来航し、玉泉寺に総領事館を開いた。着任したハリスは、早速、通商条約の締結実現に向かって精力的に動いた。

これに対する日本側の姿勢は終始及び腰だった。

幕府は、事前に中浜万次郎の意見を聞いてはいたものの、実際のこととなると、易々とは対応できなかった。幕府の交渉担当者はハリスの強硬な態度によって、次第に追い詰められ、最終的には、アメリカとの自由通商やむなしという雰囲気が幕府内に醸成された。

こうして、老中堀田正睦は条約調印委員の下田奉行・井上信濃守清直と海防掛目付・岩瀬肥後守忠震に全権を託して、条約の交渉を開始させた。堀田老中が目論んだ交渉の段取りは、条約内容について日米双方で実質合意に達した後に、孝明天皇の勅許を得て世論を納得させてから、通商条約締結に持ち込むというものだった。

そこで、老中堀田正睦は自ら岩瀬忠震を伴って京都へ赴き、条約の内容を明らかにして勅許を願い出たが、中山忠能、岩倉具視ら攘夷派の少壮公家の猛烈な反対にあった。

さらに、孝明天皇自身、「和親条約に基づく恩恵的な薪水給与であれば神国日本を汚すことにはならないが、対等な立場で異国と通商条約を締結すれば神国日本の秩序、価値体系に大きな変化をもたらす」として、頑なに勅許を拒否した。

老中堀田正睦が目論んだ勅許獲得は失敗に終わり、堀田老中は辞職に追い込まれた。日本側のもたつきぶりに苛立ったハリスは、早期の締結要求を更に強め、容赦のない砲艦外交を展開して、幕府を威嚇した。

ハリスは、

「清国とのアヘン戦争にかたをつけたイギリスやフランスが相次いで大艦隊を引き連れ日本に侵略してくるぞ。それを防ぐ唯一の手段は日本と友好な関係にあるアメリカと、アヘンの持ち込み禁止条項を含めた通商条約を早く結ぶことだ」

と、脅し文句を並べ立てた。

ハリスの脅しに慄いた幕閣は、イギリスとフランスの艦隊が来襲してくる前に、一刻も早く、仮に天皇の勅許を得られなくても、アメリカと条約を締結すべしという情勢判断に傾いた。

しかし、新たに大老に就任した井伊掃部頭直弼は、意外にも、天皇の勅許を優先させるべきことを強く主張し、従来の幕閣の政治判断に反対した。

このように幕閣内で意見が激しく対立するなか、最終的には、アメリカの砲艦外交に屈する形で、井伊大老が腹を括った。

井伊掃部頭は、予てより傑物と高く評価し、外交交渉の全権を委ねていた開明派の岩瀬忠震に対して、「どうしてもハリスが納得しないときは、調印やむなし」との言質をそれとなく与えた。

井伊掃部頭の心意を察した岩瀬忠震は、「早期の調印こそ、アメリカの日本占領を回避するための唯一の解決策」と判断した。

外交官僚として辣腕を振るった岩瀬が調印を急いだ理由は、「万一、日米交渉が不調に終わった場合には、アメリカは戦略を変更して、蒸気船の燃料の貯蔵のために琉球の港を占領するという、確度の高い情報が岩瀬の耳に入っていたからだった。先を見据えた岩瀬忠震は、日本本土がアメリカの侵略の視野に入ってくることを恐れ、何としても、これを回避すべきだと決意した。

安政五年（一八五八）六月十八日の深夜、条約調印を司る井上清直、岩瀬忠震は、密かに幕府軍艦・観光丸に乗船して神奈川沖に停泊しているアメリカ軍艦ポーハタン号に赴き、翌六月十九日、井伊掃部頭の幕閣内での表向きの主張に反する形で日米修好通商条約の締結に踏みきった。

条約は全部で十四ヶ条からなり、内容は、「両国の親睦を図り、両国官吏を交換派遣すること、長崎と箱館のほかに横浜（神奈川）、神戸（兵庫）、新潟の諸港を開き、下田を鎖《とざ》すこと、運上（関税）、通貨の交換価値に関すること」などであった。

そして最後の十四条に、「日本政府より使節を派遣してアメリカ・ワシントンに於いて批准書を交換する」という一項目があった。

こうして、日米修好通商条約の批准書を交換するために、日本からアメリカに使節が送られることになった。

このような経緯によって、中浜万次郎は軍艦奉行木村摂津守に請われて、咸臨丸に乗船し、再度アメリカへ渡ることになった。

さらに、木村軍艦奉行、勝船将、各士官は、咸臨丸に乗船する乗組員として、大工、鍛冶を各一名、塩飽諸島出身の水主三十五名、長崎出身の水主三十一名、火焚《かまた》き十六名を選出した。

メンバーは次の通りだった。

大工役　鈴木長吉　四十二歳　伊豆・河津浜村（出身地、以下同）
鍛冶役　小林菊太郎　江戸・築地
〔塩飽出身水主〕
砲術方水主小頭　大熊実次郎　二十四歳
本島甲生浦
同　豊島兵吉　本島笠島浦
砲術方水主　郡家瀧蔵　二十一歳　牛島
同　高橋金左衛門　牛島里浦
同　東　国蔵　広島江之浦
同　横井松太郎　十八歳　本島泊浦
同　平尾宮三郎　十八歳　本島宮之濱
同　森勘次郎　二十一歳　櫃石島
同　松井弥十郎　広島江之浦
同　和三郎　広島茂浦

同	島本善四郎	二十三歳	瀬居島
帆仕立方水夫	石川政太郎	二十六歳	本島泊浦
同	生田治作	二十二歳	櫃石島
水主小頭	曽根仁作		広島立石浦
同	小栗善三郎	五十二歳	本島笠島浦
同	音吉		櫃石島
同	玉谷好平	四十歳	高見島
水主	石川大助		本島泊浦
同	平田源治郎	三十三歳	広島茂浦
同	岡田源之助	二十五歳	広島青木浦
同	山下伊三郎		広島青木浦
同	宮本角之丞	三十一歳	瀬居島
同	岩村吉之助		本島新在家
同	幸吉	三十九歳	広島稲田浦
同	大倉幸三郎	十九歳	本島大浦
同	向井仁吉		広島市井浦

同	松尾延次郎	四十歳	瀬居島
同	田中清右衛門		高見島
同	高島清蔵	四十五歳	本島笠島浦
同	中西竹蔵		高見島
同	友吉		広島茂浦
同	平田富蔵		佐柳島
同	森寅吉		広島茂浦
同	前田常三郎	二十六歳	佐柳島
同	吉松	四十六歳	高見島

〔長崎出身水主〕

水主	長次郎		戸町
同	大次郎		小瀬戸
同	栄吉	二十三歳	西泊
同	福次郎		野茂
同	中村伊助		飽之浦

同	嘉右衛門		樺島町
同	久平		小瀬戸
同	久太夫	二十一歳	瀬戸脇
同	百太郎		西泊
同	松本信吉		水之浦
同	庄大夫		西泊
同	惣八	三十五歳	飽之浦
同	助次郎		大浦
同	河野辰蔵	二十一歳	西泊
同	梅吉		小瀬戸
火焚役小頭	内田嘉八		小出町
同	小三郎		不明
同	九平		不明
火焚	弁之助	三十九歳	不明
同	伊三郎		不明
同	国太郎		不明

同	又次郎		不明
同	峰吉		不明
同	紋次郎		不明
同	竹治郎		不明
同	滝蔵	二十一歳	不明
同	藤助		不明
同	弥蔵		不明
同	善蔵		不明
同	吉之介		不明
同	三四郎		不明

《乗組員名簿は「咸臨丸子孫の会」ホームページより》

軍艦奉行木村摂津守以下日本人総員九十四名、ブルック大尉以下アメリカ人十一名、総勢百五名。

その後、これら正式メンバーに、勝麟太郎が自分の従者として一人の若者を咸臨丸に乗船させたが、その人物の氏名、年齢は不詳のままである。

『万延元年遣米使節史料集成』第七巻七十頁によると、「勝麟太郎義邦（従者）某」とある。

軍艦奉行木村摂津守は、中浜万次郎とブルック大尉という頼り甲斐のある人材、さらに熟達したアメリカ人船員を揃えた。


次に木村は、アメリカへの往復航海のための資金の調達を幕府に掛け合った。

幕府は木村摂津守の要請に応じて、往路航海の準備費用と復路の海外の寄港先での石炭や食料などの補給、調達費用として、およそ七千六百両と洋銀八万枚を用意した。

しかしこの頃、幕府の財政は大いに逼迫していたので、勘定所の役人の間には、「巨額の幕府の金を使ってまで咸臨丸をアメリカへ派遣する必要があるのか」と、出金に疑念を抱く者が多かった。幕府軍艦咸臨丸による単独渡航の意義と目的を理解しようとする役人は少なかった。

このため、木村摂津守が併せて幕府に願い出た「士官たちの階級に応じた俸給、手当の増額」は毫も顧みられなかった。

勝麟太郎が、大いに憤慨した。

「頭の悪い俗吏どもだ。何もわかっちゃいねえ」

こういう状況下において、木村摂津守は目的地に到着後の咸臨丸の修理などに使う金も必要だろうと考えて、自己名義で幕府から五百両を借り受けた。

それでも木村摂津守は、五百両では到底足らないだろうと判断した。なぜなら、万次郎からサンフランシスコの物価は非常に高いことを聞いていたからだ。

さらに、提督としての木村摂津守は、士官をはじめとする乗組員が幕府に抱く身分や手当についての不平、不満を充分承知していたので、水夫、火焚も含めて彼らへの恩賞のためと彼国《かのくに》における日本人としての責任ある行動を果たさせるための資金が必要になるだろうと心を砕いた。

そこで、木村摂津守は父木村喜彦の許しを得て、書画骨董、刀剣など、木村家に代々伝わる家財、財宝のほとんどを売り払い、三千両を作った。現在価値に換算するとおよそ数億円の現金を一、二ヶ月のうちに作り、木村家として出来うる限りの軍資金を調えた。

なお、付言すると、咸臨丸渡米への直接的な資金援助を目的とはしていないが、静岡富士宮の名主であり、豪商でもあった池谷家八代目当主の池谷七郎平が、「安政五年に築地の軍艦操練所に五百両を献納した」との記録がある。

池谷家に伝わる記録をまとめた『あゆみ』（私家本）に、次の一行がある。

「安政五年幕府江戸芝新富銀座（「築地」を指す）ニ大小砲練習場ヲ設クルノ挙アリ御国恩冥賀トシテ金五百両ヲ献納ス」

このことから、幕府の財政が破綻に向かう一方で、商人の経済力が著しく伸張していたことがうかがえる。


木村摂津守が着々と準備を進める一方で、咸臨丸の出港を間近に控えた勝麟太郎はブルック大尉以下十一名のアメリカ人船員に乗船、操船の支援をしてもらうことを日本人士官に納得させることに難渋していた。

木村摂津守の前で「俺にまかせておけ」と胸を叩いてみせたものの、士官たちの反対は予想以上に頑強を極めた。

士官たちが腹を立て、口々に激しく勝に言い立てた。

「異人の力は絶対に借りない、俺たち日本人だけの力で大洋を渡ると、最初に言い出したのは、勝さん、あんたじゃないか。今さら、何ていうことを言い出すのだ」

困り果てた勝は、説得のロジックを変えざるを得なくなった。

「木村奉行が、『亜仁も一緒にアメリカへ乗っけていこう』と言い出したのさ。だから、どうしようもねえのさ。俺も、本当は反対なのさ」

勝は、巧みに言い抜けた。

軍艦奉行の意向と聞かされた士官たちは一様に口を閉じ、黙って引き下がった。

士官たちのこの態度を見た勝は、自分より七歳も年下で、しかも、海軍技術を実地に学んでいない木村摂津守に対して、身分が軍艦奉行というただそれだけの理由で、士官たちが唱えていた強硬な反対論を手のひらを返すように引っ込めたことについて、自分の低い門地からくるどうにもならない怒りを内心激しく抱いた。

「馬鹿やろう、俺をコケにしやがって。やってられねえよ」

士官全員が、自分たちの主張を引っ込めた真の理由は、日頃から身分にこだわらず常に対等の目線で相手に接し、相手の立場に理解を示す木村喜毅の普段の態度に従ってのことだった。

「木村様のお考えならば、やむを得まい」

こうして、ブルック大尉の真意は勝から他の士官たちには伝わらなかった。司令官である木村へは、士官たちの理解に齟齬があることを、勝から伝えられなかった。

乗組員それぞれの認識にボタンの掛け違いが生じたまま、咸臨丸は出港の日を迎えつつあった。

ただ、勝麟太郎の胸のうちには、「航海の間、こやつらは俺の指揮には従わないだろう」という漠とした予感が生じていた。


木村芥舟の次女「清」が晩年になって、孫の金原周五郎氏に言い伝えたところによると、勝海舟の没後、木村芥舟が、咸臨丸太平洋横断航海の当時を回想して、しみじみと語ったという。

「勝さんの若い頃は、内心に不満があると、勝さん独特の生きのよい江戸弁で、自分の感情をそのまま相手にぶつけては、私や周囲の者を、ほとほと困らせたものです。

晩年になってからは、ずっと静かになりました。

あの時代に帰って、もう一度、勝さんの威勢のいい啖呵を聞きたいものです」

四　咸臨丸の往路航海

万延元年（一八六〇）元旦、木村摂津守は朝賀として明け方に登城した。衣服を大紋に着替え、献上の太刀の目録を携え、御礼席を廻り、一列に並んだ町奉行、勘定奉行たちへの挨拶を済ませ、お流れ頂戴（上様から御杯を賜る）の儀式を終えた。

その際、将軍家茂《いえもち》から紅裏の時服を一枚拝領し、それを肩に掛けて退いた。

これは、徳川将軍から木村摂津守への、先祖来の立派な奉公に対する真心の込もった思し召しのしるしであった。

同正月十一日、木村摂津守は幕府から、「使節の内万一病気等にて事故あるときは、代りて使節相勤むべし」との、緊急時における対応について指示を受けた。

そして、翌十二日、木村摂津守は、アメリカ国へ行くためのお暇乞いのために登城し、白書院において上様からお言葉を賜り、黄金十枚と時服三枚を賜った。

家に帰ると、咸臨丸が出帆するというので、親戚、友人が集まり、別れの杯を交わした。

別れの杯は薄暮どきに終わった。その後、木村摂津守喜毅は築地の操練局に行き、ボートに乗って品川沖に停泊中の咸臨丸に乗り込んだ。夜も更けて、すでに亥の刻(午後十時頃)になっていた。

翌十三日、咸臨丸を横浜に回航して、ここでアメリカ人船員の乗船を待ったが、彼らは直ぐには乗り込んでこなかった。日本人乗組員は、咸臨丸の甲板上で都合三日待たされた。

これには中日《なかび》が日曜日だったというアメリカ人にとっての宗教上の都合があったが、逸《はや》る気持ちの日本人船員はじりじりした思いで、アメリカへ乗せていってやるアメリカ人船員の乗船を待った。

ようやく、十五日になってブルック大尉以下が姿を現し、乗船を終えた。

同日、咸臨丸は浦賀に至り、三日間停泊して薪、水、食料などの物資を積み込んだ。

こうして、万延元年(一八六〇)正月十九日午後三時、幕府軍艦咸臨丸は、本格的な遠洋航海の実習と、アメリカ海軍の実地見聞と軍制調査という隠れた任務を担って、サンフランシスコをめざして三十七日間に及ぶ航海へ乗り出した。

このとき咸臨丸に積み込まれた主な物資は次の通りであった。

石炭五十・四トン
米七十五石、水百石（鉄製のタンク二十四個、約十八トン）
ローソク千五百本、木炭二百俵
薪千三百五十把、鰹節千五百本
豚二頭、ニワトリ三十羽、アヒル二十羽

当初の咸臨丸の航海計画は、浦賀・サンフランシスコ間の大圏航路四千五百浬《かいり》を、出入港のときを除いて、もっぱら帆走によって約四十日で航行する計画だった。

この計画を基《もと》に計算して、白米は乗組員の百五十日分、その他の物資は約九十日分の量と割り出した。飲料水はひとり一日二升五合として、ぎりぎりの百人・四十日分しか積み込まなかった。

豚とニワトリ、アヒルはアメリカ人船員のための食料だった。

ほかに、水主たちは全員草鞋ばきなので、草鞋を何百足も積み込むなど、これらの物資を積み込んだ咸臨丸の艦内はどこもかしこも雑然としていたといわれる。

筒袖《つつそで》、草鞋ばき、ちょんまげ姿の水夫の姿は、異様ではあったが、しかしきびきび働く様子には海の男のたくましさがあった。

しかし、航海二日目には、その男たちは、ほとんどデッキに姿を見せなかった。艦がはげしく縦揺れし、そのため、みな船酔いしていたからだ。

肝心の勝艦長も自室にひきこもって、いっこうに姿を見せないので、

「艦長はどうした」

とブルック大尉が聞くと、通訳の中浜万次郎が答えた。

「艦長は下痢をおこしたらしいです」


北の大洋へ乗り出した咸臨丸の往路は、軍艦奉行木村摂津守の予想を超える厳しい航海となった。

第一の問題は、出港当初から、気象と航路についての難問があったことである。航海する時季とコースが最悪の条件にあった。咸臨丸は最悪の時季に、最悪のコースを選んで出港したのだ。

咸臨丸が乗り出した北の太洋の二、三月は年間で最も温帯低気圧発生率の高い時季であり、咸臨丸がとった大圏コースの北緯三十六度、東経百五十七度付近は、その通

り道だった。

出港翌日の海の荒れようを、熟練した船乗りのブルック大尉が日記（『咸臨丸日記』）に記している。

「船は激しく縦揺れしている。デッキに出てみると、二段縮帆したメインマスト（帆柱）のトップスル（横帆）が裂けていた。（中略）非常に荒い海で、しばしば波が打ちこむ。日本人は全員船酔いだ」

このため、咸臨丸の運航は、ブルック大尉以下のアメリカ人船員に委ねざるを得ない情況になった。

一方の日本人士官たちは、嵐に翻弄される咸臨丸の中にあって、平然と操船作業を続けるアメリカ人船員を、悔しさと苦々しさが入り混じった複雑な感情で眺めた。

こういうことから、往路航海におけるこの辺りのアメリカ人船員の活躍については、日本人士官たちはほとんど記録に残していない。

僅かに、日本人乗組員のうち十六歳という最年少で、木村摂津守の従者であった齋《さい》藤留蔵《とうとめぞう》が、少年らしい純な目で見て、率直な感想を日記（『万延元年遣米使節史料集成』所収「亜行新書」）に書き残している。

咸臨丸の太平洋往路航海の真実を今に伝える貴重な歴史史料である。

留蔵は、このひどい荒海にも、少しも動じないアメリカ人船員たちを感心して眺めていた。

「正月二十日土曜、早暁より風猛強く、波濤甲板上にそそぐこと三尺あるいは四尺、船の動揺もまた従ってはなはだしく、その傾くことおよそ二十七、八度。しかも波濤の高さおよそ四、五尺を下らず。

我が同船の人員初めての擾騒に遭いて皆大いに疲労し、人々互いに狼狽し、不撓《ふとう》の規律も失い、多人数の中、甲板上に出て動作をなすものは、ただわずかに四、五人のみ。

この時に当たっても帆布を縮長上下する等の事は一切に亜人（アメリカ人船員）の助力を受ける。彼らはこの暴風雨に遭うといえども一人も恐怖を抱く者なく、ほとんど平常に異なる事なく諸動をなす。

これに継ぐ者は、我が士人にてただわずかに中浜万次郎氏、小野友五郎氏、浜口興右衛門氏三人のみ。その他は皆驚愕し、ほとんど食糧を用いること能わざるに至る」

以後、情況はますます悪化していった。

齋藤留蔵と同じく木村摂津守の従者であった長尾幸作も、日記（『万延元年遣米使節史料集成』所収「亜行日記鴻目魁耳《こうもくかいじ》」）に記した。

「二十日、船病我同床七士皆絶喰」

即ち、浦賀出航の翌日には、同室の七人（木村摂津守の従者五人と医師見習の二人）は船酔いで食事もとれずにダウンしている、というのだ。

齋藤留蔵は、翌二十一日の船中の様子も日記に書き留めた。

「今日に至っても臥する者多くして、働く者少なし、また飲食を用いること能わざるもの昨日のごとし。余もまた今日に至っては一口も食するを能わず、ただ臥辱して波濤の烈しきに恐るるのみ。亜人これを見て我が士人の航海に不練なることを測知して、すなわち我らに向かって曰く、甲板上に出て寒風に逢わば、みずから胸中鬱気を去って快然たるべしと。余はここにおいて甲板上に出るに、かえって胸中悪きを得るゆえにふたたび臥辱す。船中大いに疲労す」

二十三日に、木村摂津守が『日記』に書き記している。

「暁より霰降り出し、風変わらんとして波高く動揺甚だし、端船をつりたる綱切れたり、よってこれを船中に取り入れたり。第六時に至りて猛風いよいよ甚だしく、前のマストの帆を吹き裂けらる。船夫はみな疲労して、倒臥者過半なり」

同日、ブルック大尉も記している。

「万次郎はほとんど一晩中起きていた。彼はこの航海を楽しんでいる。昔を思い出しているようだ。しかし、他の日本人が無能なので、帆を十分にあげることができない。上官達はまったく無知である。多分悪天候の経験が全然ないのだろう。舵手は風を見て舵をとることができない。

日没に天候がひどい荒れ模様になった。日本人は帆をたたむことができない。我々の部下をマストに登らせ、帆をたたませた」

さらに、出港してから十日目頃の正月二十七日から二十八日にかけての大型低気圧による大暴風の荒れようは凄まじいものだった。

木村は下痢に苦しんだ。

勝は出港前に患った風邪（一説には、インフルエンザ）による高熱で寝たきりだった。激しい船酔いにも苦しみ、まったく動くことができなかった。

士官をはじめ日本人乗組員の多くが船酔いでダウンした。

中浜万次郎だけは、捕鯨船に乗って三年間、地球を一周以上も航海し、航海士も務まるほどの船乗りだったので、通訳の他にたびたびアメリカ人船員と共に当直にも立ち、天測も手伝ってブルック大尉を助けた。

このような情況からして、咸臨丸にブルック大尉などのアメリカ人船員と中浜万次郎が乗っていなければ、咸臨丸は浦賀出港わずか十日後には、荒れる北の太平洋に沈んでしまったに違いない。

このときが、咸臨丸の往路航海の最大のヤマ場であった。ブルック大尉の見事な操船と、適確な気象判断によって危機を脱した。

軍艦奉行木村摂津守が練りに練った、中浜万次郎の起用とブルック大尉以下十一名のアメリカ人船員の乗船という陣立てが、まさしく功を奏した。

提督の木村摂津守は、見たまま、感じたままを正直に『日記』に書き記した。

「亜人はこの日に至っても一人も疲労する者なく、一日特定の三飯心よく食す。ここによってこれを見れば、米夷（アメリカ人）の海上に熟練せること、実に驚くべし」

さらに木村は、福沢諭吉、斉藤留蔵ら従者五人と医師の牧山修卿朗、木村宋俊の計八人と一緒の船室にいたとき、福沢諭吉だけが早くに船酔いから脱して、一人平然としていたことにも感心した。

福沢は、二六時中、主人の木村を介抱し、飲食衣服の世話をして、木村摂津守の従者として熱心に働いた。

福沢諭吉は、このときの様子を、後日、『福翁自伝』に次のように記している。

「私は艦長（木村摂津守）の家来であるから、艦長のために始終左右の用を弁じていた。艦長は船の艫《とも》（船尾）の方の部屋にいるので、ある日、朝起きて、いつもの通り用を弁じましょうと思って艫の部屋へ行った。ところが、その部屋に弗《ドル》（メキシコ銀貨）が何百枚か何千枚か知れぬほど散乱している。どうしたのかと思うと、前夜の大嵐で、袋に入れて押し入れの中に積み上げてあった弗が、定めし錠もおろしてあったに違いないが、激しい船の動揺で、弗の袋が戸を押し破って外に散乱したものと見える。これは大変なことと思って、すぐに引き返して舳《おもて》（船首）の方にいる公用方の吉岡勇平にその次第を告げると、同人も大いに驚き、その場所に駈けつけ、私も加勢してその弗を拾い集めて、袋に入れて元の通り戸棚に入れた」

累代の武門である木村摂津守は、咸臨丸がアメリカをめざして出てゆくことは、戦国の武士が出陣するのと同じことだと心得、代々相続してきた金目《かねめ》のものすべてを売り払い、つくった三千両をメキシコ銀貨に替えて、密かに自分の船室に積み込んだ。木村は、出発に当たってお上である幕府から出る経費のみでは十分ではないと思考し、同行の人たちや訪問先のアメリカで世話になるであろう人びとに差し上げるものを含めて、私財を尽くして諸々の費用に当てようとした。

木村摂津守は、そうすることが、徳川家の恩顧に報いることであり、木村家が引き継いできた徳川武士の面目であることを心に刻んでいた。

従者の福沢諭吉は、船室の床に散乱する大量のメキシコ銀貨を拾い集めながら、全ての私財を投じて出陣にそなえた主人の覚悟を察して、木村摂津守に古来からの真《まこと》の武士の姿を見た思いがした。

そして、二歳のときに死に別れた父豊前中津奥平藩の士族福沢百《ひゃく》助《すけ》の姿を木村に重ねた。


福沢諭吉は、木村摂津守の身のまわりの世話をする一方で、中浜万次郎の仕事を手伝う形で、彼に従って動き回り、万次郎が持っている西洋の知識、情報を吸収した。

船酔いに苦しみ、消耗して部屋に伏している木村が福沢に度々勧めた。

「先生、私はこの部屋で臥しているから大丈夫です。先生はブルック氏や万次郎らと一緒に行動して、西洋の知識を学んでください」

福沢は、木村に申し訳ないと思う一方で、木村の配慮にありがたいと思った。

「木村さま、ありがとうございます。それでは行ってまいります」

福沢は木村に向かって丁寧に一礼をして、大波が打ちこんでビショビショの船中を、思うように歩き回った。

福沢諭吉は、木村摂津守が与えてくれた英学への千載一遇のチャンスを活かそうと、難航する咸臨丸の船中で毎日必死に奮闘努力した。

福沢は、ブルック大尉やアメリカ人船員と行動を共にして、積極的に彼らの思考や国民性、生活習慣を知ろうとした。そういう過程で、アメリカ人が福沢の存在に寛容で、自分を受け容れ、まったく排斥しようとしないことに驚いた。徳川の幕臣が常に示す、身分にこだわる頑なな態度との大きな違いを見いだした。

また福沢は、万次郎が通訳をするときは、必ず万次郎の傍らで日米の会話に耳を傾け、ヒアリングと会話の内容の理解に励んだ。

福沢は、中の浜の漁民時代には無学に近かった万次郎が、アメリカに渡ってからは、身分にこだわらず自由に勉学の機会を与えられ、研鑽に励み、今こうして、目の前でブルック大尉らアメリカ人と対等に、臆することなく英語を駆使している姿に驚いた。

福沢は、人種に関係なく教育を授けるアメリカという国の懐の深さに感心すると同時に、アメリカの教育制度の有り様に大きな関心を抱いた。

咸臨丸の往路航行は、サンフランシスコ湾に日本初の日の丸旗を翻すまでの三十七日間、ほとんど毎日、暴風雨に悩まされた。太陽を拝めたのは、わずか数日であった。六百二十五トンの小さな軍艦が、北の大洋の怒涛に木の葉のように揉みに揉まれた。

福沢諭吉は、難航を続ける咸臨丸の中で、アメリカには自由・平等の思想があること、国民には等しく教育の機会があること、それらの制度がアメリカという国の発展の基盤になっていることを知った。


咸臨丸が浦賀港を出港する前から抱えていたもう一つの難問は、日本人士官とブルック大尉との意識のギャップ、いわば相互理解に齟齬が生じていたことだった。

このことが、日本人とアメリカ人との間を仲介する中浜万次郎を終始苦しめた。

最大の原因は、咸臨丸が出港する前に、勝麟太郎がブルック大尉の真意を日本人士官に正確に伝えず、話を曖昧にして言い抜けたことにあった。

ブルック大尉は自ら志願して乗組み、日本人初の太平洋横断の成功を支援しようとした。

ところが、日本人士官たちは、勝麟太郎から、

「帰国の機会を待っている異人たちをついでに咸臨丸に便乗させてやるのだ」

と、聞かされていた。

一方のブルック大尉は、日本人を支援するという真意を忠実に実行し、咸臨丸の出港準備のときからいろいろとアドバイスをした。だが、日本人士官は余計な口出しだとして、まったく聞く耳を持たなかった。

しかし、いざ実際に、荒れ狂う北太平洋に乗り出してみると、咸臨丸船内の情況は大きく変わった。

提督の木村摂津守、艦長の勝麟太郎をはじめ日本人乗組員の多くが船酔いで倒れ、寝込んでしまった。

特に、勝は乗船前に罹った重い流行風邪《はやりかぜ》で身動きができなかった。しかも、その病を他の乗組員に罹患させ、日本人船員の士気を大いに喪失させた。

日本人乗組員のほとんどが、三度の食事も食べられず、胃の中が空になっても吐き続けた。艦内は、打ちこんできた海水と乗員の汚物が混じり合い、異臭が漂った。

冬場の外洋は、日本人乗組員が自信の根拠にしていた日本近海の航行の経験だけでは、とても太刀打ちできるような生やさしい海ではなかった。

船酔いせずに、正常に動ける日本人船員は、わずか数人だけだった。

一方、ブルック大尉やアメリカ人船員は平然と船を操り、遠洋航海を何度も経験した船乗りとしての実力と実績を、日本人船員に十二分に見せつけた。

心ならずも主役交代を余儀なくされた日本人士官たちは、事あるごとに感情的になり、ブルック大尉らアメリカ人に食ってかかった。

間に入って通訳する万次郎にも当たり散らし、脅迫した。

「日本人のくせに、異人の味方をするのか。マストに吊すぞ」

万次郎は、命の危険を感じるときもあった。

さすがのブルック大尉も、万次郎の身の安全を心配し、さらには、日本人の振る舞いに嫌気がさし、癇癪を起して、万次郎に尋ねた。

「もし私が部下を当直から外して、操船から手を引いてしまったら、提督の木村はこの船をどうするだろう」

万次郎が答えた。

「船は沈没してしまうでしょう。この嵐の中を日本人だけで乗りきることができる筈がありません」

続けて、万次郎が言った。

「そんなことで死んでしまうのは、私は非常に悔しい」

ブルック大尉の内心の怒りと心配を知った万次郎は、何とか最悪の事態を避けようと、持ち前の聡明さと船乗りとしての実力を発揮して、アメリカ人と日本人の間に積極的に分け入って、相互理解が出来るよう懸命に努力をした。

万次郎の努力のおかげで両者の感情のギャップはだんだん埋まってきたが、完全に双方の気持ちが通じあったのは、ブルック大尉が示した日本人士官の琴線にふれる武士のような立派な振る舞いによってだった。

ブルック大尉の思わぬ言動が、日本人乗組員を信服させ、感情の対立をものの見事に氷解させた。

その場に居合わせた福沢諭吉が、事の発端と収束までの経緯と、そのときに福沢が受けた驚愕と感激を、後年、木村に次のように回想している。

「もともと咸臨丸の水貯蔵タンクには限りがあったので、航海の最初から、艦長の勝麟太郎が日本人士官に、水は飲料用以外には使ってはいけないと指示していました。

しかし、激しい船酔いのため三度の食事も喉に通らず、毎日水だけを飲んで凌ぐ人が多かったため、船に積み込んだ飲料水が見込みよりも早く消費されてしまいました。

水を補給するためハワイに寄港しようかと言い出す者も出ましたが、士官たちの強い意見で航路を変えずに予定通り、そのまま米国をめざすことになりました。この航海には、咸臨丸乗組員としての止みがたい執念と意地がかかっていたから、出港前に立てた計画の変更をしたくなかったのです。

そして、水不足に対処するために、日本人もアメリカ人も共に、水を倹約し、飲料以外には水を使わないということを、乗組員全員で再確認しました。

ところが、その取り決めを無視して、飲料以外に水を使うアメリカの水夫がいました。そこで、日本の士官がカピテン・ブルックに、『どうも、アメリカの水夫が水を使って困る』と言ったら、カピテン・ブルックが、即座に答えました。

『水を使ったら直ぐに鉄砲で撃ち殺してくれ。これは我々の共同の敵だから、説諭も要らなければ理由を質す必要もない。即刻銃殺してください』

誠に毅然とした態度の、見事なアメリカの軍人でした。

それ以来、日本人乗組員の彼を見る目は、まったく変わりました」

この事件には、中浜万次郎も立ち会っている。

「艦内の水が不足し、水の倹約の必要が生じた。そこで、飲む以外は一切水を使ってはならないということになった。

ところが、フランク・コールというアメリカの帆縫工の水夫が、貴重な水を使って自分の下着を洗濯しだした。これを見つけた公用方の吉岡勇平が、いきなりこの水兵の顔を足げにしたところ、この水兵は喚きながら仲間を呼びに行って、連れてきた仲間の水兵が突然吉岡に向かってピストルをかまえた。吉岡も刀の柄を握って睨み合いになった。この騒ぎに、何ごとが始まったのかと日本の士官たちとキャプテン・ブルックが船室から出てきた。ことの次第を聞いたブルックは、いきり立つ自分の部下を制して、日本人士官に向かって言った。

『この者は、共同生活の掟を破ったのです。どうぞ、斬り殺してください』

木村摂津守、福沢諭吉、中浜万次郎をはじめ、咸臨丸の日本人乗組員は全員、元測量船フェニモア・クーパー号艦長ブルック大尉の毅然とした態度に驚嘆した。なぜなら、それは、日本の武士が武士道を貫く態度に似ているように思えたからだった。

この一件を経て、日本人との気持ちの距離が縮まったと判断したブルック大尉は、木村摂津守に提督としての気構えと船乗りの心構えを徹底的に教え始めた。

それは、ブルック大尉が木村摂津守と初めて会った時から、木村の率直で気さくな人柄を非常に好意的に受け止めていたからだった。

ブルック大尉は、木村の人物像について書き記している。

「提督は、もとより船乗りではない。彼は将軍の江戸の町奉行と同じ身分である。極めてもの静かな人物で、豊かな服装をし、明朗な顔つきをしている」

ブルック大尉は、木村に、海で生きるための生活習慣、即ち、船乗りとしての教育を施し、復路航海の指揮を咸臨丸提督としてそつなく取らせ、無事に日本に帰国できるようにしてやりたいと考えた。

ブルック大尉が、提督の木村摂津守を指導しておく必要があると考えた根拠は次の通りだった。


浦賀を出港する前に軍艦奉行木村摂津守が決めた往路航海の士官の当直割は、幕藩体制をそのまま持ち込み、能力よりも家柄と身分を重視した艦内の秩序維持最優先のシフトであって、あたかも、その関係さえ維持しておけばすべての咸臨丸の操船業務が問題なく機能すると考えているような組み合わせだった。

即ち、

一組　佐々倉桐太郎（運用方）
　　　赤松大三郎（測量方）
二組　鈴藤勇次郎（運用方）

松岡盤吉　　（測量方）
三組　浜口興右衛門（運用方）
小野友五郎　（測量方）
四組　伴鉄太郎　（測量方）
根津欽次郎　（運用方）

のチームであり、これは運用方と測量方の士官を組み合わせた当直割で、しかも、各組の責任者は直参の佐々倉、鈴藤、浜口、伴、であった。

ところが、太平洋の荒波に遭うや否や、多くの日本人士官が船酔いで倒れ、木村が立てた形ばかりの当直割はまったく機能しなかった。

このため、咸臨丸の操船は、ブルック大尉とその部下のアメリカ人船員、および中浜万次郎に委ねざるを得ない事態に陥った。日本人士官の中では、船酔いに強かった浜口興右衛門、小野友五郎らが手助けできる程度の状態だった。

こういう事態に追い込まれた日本人乗組員は、心身共に大いに疲労、狼狽し、艦内の不撓の規律も失った。

木村摂津守、勝麟太郎、そして乗組み士官たちは、これからの航海に不安を覚えた。

乗組員の中から、

「もう、アメリカへ行くのは嫌だ」

「このまま、日本に帰りたい」

と、言い出す者も出た。

ブルック大尉はそのような艦内の不安を払拭しようと、「能力のある者を航海の当直に起用するように」と、艦長の勝に進言しようとした。

しかし、病気と船酔いを理由にして従者と二人きりになって船室から出て来ず、部屋に籠もりきりの勝麟太郎では、まったく事態解決の相談相手にならなかった。

その上、咸臨丸に乗船してからの艦長の勝麟太郎は、陸《おか》の上での勝とは思えないようなわがままな言動が多くなり、中浜万次郎をはじめとする日本人乗組員のひんしゅくを買い、誰もが勝を相手にしなくなっていた。

江戸城の廊下で、「日本人の力だけでパシフィック・オーシャンを渡ってみせる」と木村摂津守に胸を張ってみせた勝麟太郎の姿は、もはやどこにもなかった。

そこでブルック大尉は、自分の考えを万次郎に説明し、提督の木村摂津守に伝えるよう依頼した。

アメリカで人間平等の教育を受けた万次郎は、ブルック大尉の考えを当然のこととして受けとめ、同時に、このことは木村の従者の福沢諭吉にも聞かせておくべきだと判断した。なぜなら万次郎は以前、福沢から、「門閥制度は親の敵で御座る」という彼の強い思いを聞いていたからだった。

ブルック大尉の依頼を受けた万次郎は、福沢を同席させて、木村にアメリカという国の成り立ちと国家の仕組み、そしてアメリカ人が抱いている人間平等の価値観を丁寧に説いた。

万次郎は、かつて、同僚のアメリカ人船員から選挙で副船長と捕鯨の主役である銛打ちに選ばれた時のことを思い出しながら、ブルック大尉の心意を分かりやすい言葉に置き換えて説明した。

「船の上では、身分や家柄はいっさい関係ありません。あるのは、船乗りとしての実力と実績だけです」

傍らで万次郎の話を聞いていた福沢諭吉は、万次郎が自分の抱いている固い信念を理解してくれたように思えて嬉しかった。

ブルック大尉からの伝言を万次郎から伝え聞いた木村摂津守は、ひと言、答えた。

「ブルック氏の考えはわかりました」

万次郎が退出した後の木村の部屋の中で、福沢諭吉は、木村の耳に届くような声で、

「ブルック大尉の言うことは至極もっともなことだ」

と、自分の意見を遠慮気味に呟いた。

これを耳にした木村は、怒りもせず、話をはぐらかすこともせず、福沢を正面から見据えて答えた。

「先生、私に、しばらく、時間をください」


この率直ともいえる言葉を聞いて、福沢は思い返した。

福沢諭吉が桂川甫周の紹介状を携えて初めて軍艦奉行木村摂津守の屋敷を訪れた時、福沢は幕臣木村摂津守喜毅のことを十分には知らなかった。

ただ、自ら志願して木村の従者として咸臨丸に乗船、英学に触れるためにアメリカを訪問する機会を掴んだと思っただけだった。

木村摂津守に対する当初の認識は、「所詮、門閥制度の内側にいる人」というものでしかなかった。

ところが、咸臨丸が出港し、船室の中で木村の身辺の世話をするうち、「この武士は大変な人物である」と思うようになった。

その最初のきっかけは、咸臨丸が浦賀を出港してからしばらくしたときだった。

福沢諭吉は、いつもの通り、主人である木村摂津守の身の周りの世話を済ませ、提督室の外に出ようとして、部屋のドアに手をかけた。

そのとき、

「先生」

背後から、木村の声がした。

福沢は、自分が呼ばれたとは思わずに、そのまま半身を船室の外に出しかけた。

木村が大きな声で、ふたたび声をかけた。

「福沢先生」

そこで福沢は、はじめて、自分が呼ばれていることに気がついた。

福沢諭吉は、主人に当たる木村摂津守から「先生」と声をかけられ、呼ばれるとは、夢にも思っていなかった。

福沢は、思わず振り返り、木村の目を見つめた。

木村が立ち上がり、揺れる船室の壁を手で伝いながら福沢に近づいてきた。

木村が、船酔いで憔悴した顔に笑みを浮かべ、福沢の耳の近くで言った。

「福沢先生、しばらく話をしませんか」

福沢は、「先生」と呼ばれたことに感激すると同時に、従者である福沢を「先生」

と呼んで憚らない木村の人間性に大きな関心を抱いた。

それまで木村摂津守に対して抱いていた感情は、「木村は自分が嫌悪している門閥制度の中にいる、何の変哲もない幕府の役人だろう」という程度のものだった。

福沢は、幕府役人の従者になって、アメリカへ渡る機会を得たというように、心の底で割り切って提督の木村摂津守に接してきていた。

ところが、木村が福沢の予想にない言動に出た。

福沢は、木村が自分に近づき、木村の方から話しかけてきたときに直感した。

「この人は、なにか違う」

福沢は、「ひょっとしたら、自分の先入観に間違いがあったのではないか」と考えた。

福沢は、揺れる船室の中で向きを変え、背筋を伸ばし、正面から木村の顔に目を据えて答えた。

「私も、木村さまと話をさせていただきたいと思っておりました」

木村が、嬉しそうに言った。

「先生、遠慮せずに私の隣にお座りください。離れていると、海鳴りで先生の声がよく聞こえません」

福沢は、木村に言われるままに、自然な気持ちで木村の隣に座ろうとした。

そのとき、船が激しく揺れ、大柄な福沢の体が木村の体の上にのしかかりそうになった。

木村が必死になって、福沢の体を下から支え、自分の横に座らせた。

そのときの木村の表情や体の動きは、ごくごく自然なものだった。

福沢諭吉は、木村の丁寧な仕草から、木村の穏やかな性格と、木村が福沢に抱いている誠実な気持ちを強く感じた。

福沢は、木村に親近感を抱いた。

福沢が抱いていた木村に対する心の壁を、福沢自ら破り、気持ちの垣根を越えた。

船が激しく揺れるたびに、福沢は木村の肩にそれとなく手を添え、傾きかける木村の体を支えた。

木村は、そのたびに「ありがとう」と、丁寧に礼を述べた。

福沢は、清々しい気持ちになった。

そして、思った。

「門閥制度と、その中にいる人間を、同列に憎むことは愚かしい」

このとき以来、福沢諭吉が木村摂津守に対して示す態度には、福沢の真っ直ぐな気持ちが込められるようになった。

気持ちの壁がなくなった福沢諭吉が、木村摂津守に率直に尋ねた。

「木村さまが幼少の頃にお仕えになった十二代様（将軍家慶）は、どのようなお方でしたか」

福沢は、門閥制度の頂点に座る将軍家について尋ねてみた。

一度は聞いてみたい話であった。

木村は、平伏するような仕草で静かに頭《こうべ》を垂れてから、福沢に答えた。

「畏れ多いことです」

木村は敢えて将軍家のことを口にせず、話の向きを変えて説明した。

それは、木村が十三歳の時に浜御殿奉行見習を命ぜられ、将軍家慶に初めて拝謁したときの話であった。

後に至り、木村芥舟が、その著『木村芥舟翁履歴略記』の中で、将軍家に拝謁したとき、家慶が幼い勘助をいかに慈しまれたかを書き記している。

提督の木村は、それと同じことを福沢に話して聞かせた。

「慎廟《しんびょう》（十二代将軍家慶）に初めて拝謁し奉りしは、天保十三年（一八四二）三月二十一日、浜園御遊の時にして、近く余を召しかしこき御言葉を懸けさせ玉い、頭を撫で顎を握らせ玉いなどして深く御いつくしみを蒙り、またお茶屋にて余が父子に御手づからの御酌にて酒を給えり、くさぐさの賜ありしは御遊びの度毎にて、実例の如くなりて身に余る恩栄は今猶目前に在るが如し」

木村は、この話を福沢に聞かせた後、感慨を込めて言い添えた。

「おやさしいお方であらせられた」

木村の顔に、将軍家慶への深い愛情が滲み出ていた。

福沢諭吉は、木村のこの話の展開のさせ方に心底感服した。

将軍家のことを直接口にすることは畏れ多いとしながらも、福沢の質問に真摯に答えようとする、木村の誠実な態度に頭が下がった。

福沢は、最上級の高潔な徳川武士の真《まこと》の姿を目の当たりにした思いがした。

木村が示すこの誠実で謙虚な姿勢は、誰に対しても、相手の身分を問わず平等であり、変わることはなかった。

福沢は、木村摂津守という人間が持ち合わせる人格と謙譲さは、ひとえに、幼い頃から木村が勤《いそ》しんだ講学の賜物であろうと推量した。

福沢の物差しからすれば、上級の武士であれ、下級の武士であれ、学問のない人間はすべからく無教養な不躾者であった。

それは、単なる知識の多寡の問題ではなく、人間としての素養、人格淘汰の次元の問題であった。

福沢は、木村摂津守の横に座りながら、これこそが学問の真の目的であり、在り様ではないかと深く胸に刻んだ。

かわって、木村が福沢に尋ねた。

「先生、これからの日本はどのようになると思いますか。そのなかで、先生は何を為さるおつもりですか」

福沢が、控えめな口調で答えた。

「私は、近いうちに、時代が変革すると思っています」

「私は、それに備えて、米国や欧州を自分の目で直《じか》に見ておきたいのです」

「西洋の状況をつまびらかに見て、人びとを啓蒙する本を書きたいと思っています」

静かな話しぶりであったが、福沢の熱い想いが溢れていた。

木村は、福沢が内に秘めている情熱に圧倒された。

船の揺れに合わせて、隣り合って座る木村と福沢の肩が自然に触れ合った。

しかし、木村はそういうことを一切気にせず、正面の一点を見つめたまま言った。

「先生。ぜひ、本を書いてください。私も、できる限りの力添えをします」

木村の心と福沢の心が触れ合った瞬間だった。

その時以来、木村摂津守は福沢諭吉と二人きりのときは、四歳年下の福沢を「先生」と敬称して話しかけてくる。福沢に、身分の高低をまったく感じさせなかった。

福沢は、思った。

「この方は、他の幕府役人とはまったく違う。封建身分制度とは関係なく生きておられる」

福沢諭吉は、木村摂津守の飾らない態度に深い尊敬の念と強い親近感を覚えた。「門閥制度は親の敵」として心を閉ざして生きてきた福沢が、生まれて初めて心を開いた、身内の人間以外への素直な感情だった。

福沢諭吉は、心を込めて頭をさげた。

「木村さま、ありがとうございます」

ところで、ブルック大尉が能力ありと判断して、木村摂津守に重要なポストへの登用を促した人材の一人に笠間藩出身の小野友五郎がいた。

江戸築地にある軍艦操練所に入所できる者は、原則として幕府の直参に限られていたが、天才的数学者として評価の高かった小野友五郎は、唯一の例外として陪臣ながら操練所への入所が認められ、軍艦操練所教授方の職に就いた。

しかし、もとは笠間藩士で陪臣の身分であったため、いかに優秀でも、陪臣の身分で直参の上に立つことは認められることではなかった。そのため、優秀で、かつ、最年長（四十三歳）であったが、浦賀奉行所に仕える幕臣の浜口興右衛門（三十歳）の下でシフトを組まされた。

咸臨丸に乗り組んだ日本人船員のうち、船の位置を計算するための天測ができるのは、中浜万次郎と小野友五郎の二人きりであった。

例えば、二月十七日のブルック大尉の日記

「真夜中ごろに風が衰え、船は午後五時まで進めなかった。正確な天測をする。万次郎、友五郎と一緒に天体の高度を測った。私は万次郎の六分儀を調節してやった」

二月二十五日、ブルック大尉の日記

「友五郎は優秀な航海士である。彼にスマーの方式を教えている」

とある。

しかし、ブルック大尉がいかにその伎倆を高く評価した航海士の小野友五郎であっても、陪臣の身分であるが故に、往路の航海では当直士官の責任者になれなかった。

直参と陪臣の身分の差による扱われ方の違いは他にも例があった。

木村摂津守の従者の名目で咸臨丸に乗船していた佐賀藩士秀島藤之助《とうのすけ》についてであ

る。

秀島藤之助は佐賀藩から海軍伝習所に入った総勢四十八名の中で最優秀の成績を取った俊秀であった。

藩主の鍋島直正が非常に喜び、

「あっぱれ。あっぱれ」

と特別に褒美を与えたほどの佐賀藩を代表する人材だった。

伝習所には開設の時から閉鎖まで足掛け五年在籍し、熱心に勉学、実習に励んだ。その成果が現れ、咸臨丸に乗船した士官の誰にも負けないほどの操船技倆を身につけた。

しかし秀島は、徳川幕府の直参ではなく、佐賀藩に仕える陪臣であったため、直参と陪臣との間の厳しい身分差別に阻まれて、往路の航海では幕府の軍艦咸臨丸の操船に指一本触れさせてもらえなかった。

ところが、結論を先にいえば、復路の航海では、当直割が一変したのだ。

木村摂津守が、能力主義を採用した。

往路航海において、ブルック大尉から施された船乗りの心構えを、復路の航海で忠実に体現した。

当直割に小野友五郎と根津欽次郎との新しいコンビを誕生させたのである。

木村は往路航海での当直割の失敗を踏まえて、名目だけの、責任の所在が曖昧だった当直体制を徹底的に排し、責任が明確となる当直体制へと組み替えた。

ブルック大尉が評価した小野友五郎の能力と実績を認め、小野を当直体制に組み込み、責任者に据えた。

これは、当時の厳しい身分制度の下では考えられない画期的な出来事だった。木村摂津守の大英断だった。

根津欽次郎は、小普請組柴田能登守の組に属する小笠原弥八郎の配下であったから、れっきとした幕臣であった。その幕臣の上に陪臣の小野友五郎が据えられ、責任者となった。

こうして、サンフランシスコから日本への復路航海の当直割は次のように組み替えられた。

ブルック大尉の意見を素直に採り入れた木村の柔軟な思考回路と、当時の身分制度の枠を越えてまで航海の安全を守ろうとした木村の決断だった。

一組　佐々倉桐太郎（運用方）
　　　赤松大三郎（測量方）
二組　浜口興右衛門（運用方）
　　　松岡盤吉（測量方）
三組　鈴藤勇次郎（運用方）
　　　伴鉄太郎（測量方）
四組　小野友五郎（測量方）
　　　根津欽次郎（運用方）

木村摂津守が往路航海時と変更しなかったのは、佐々倉と赤松の組み合わせだけで、あとは総入れ替えにして、能力・実力本位の当直体制を整えた。

また、木村摂津守は、復路の航海においては、佐賀藩の陪臣秀島藤之助を厚く遇して、操船作業に積極的に参加させた。

五　咸臨丸、サンフランシスコに到る

久しぶりに太陽が空に顔を見せたある日、午前は波が高かったが、午後は風もなごやかで海面も静かであった。

デッキではブルック大尉を中心に、日本の士官や福沢たちが機嫌よく談笑していた。

ブルック大尉が、

「明日の朝は、きっとサンフランシスコの山を見ることができる」

と自信ありげに言った。

木村の従者長尾幸作は、二、三日前から、発熱がはなはだしく、食欲もなく、この賑やかな席に加われずに、床《とこ》にふせっていた。

「長尾、元気をだせ、サンフランシスコに明日はつくぞ」

船室に戻った福沢諭吉が声をかけると、わずかにうなずくばかりだった。

「見えたぞ！　アメリカだぞ！」

万延元年（一八六〇）二月二十六日。

当番で、徹夜の運用方鈴藤勇次郎、松岡磐吉は、緊張して見張っていたので、異口同音に叫んだ。時に、五時四十分。

その声を待っていたように、船室からすべての人びとがデッキにとびだしてきた。病気の長尾まで、よろめきながらその姿を見せた。

海面には霧が流れていたが、はるか東北東に、やや黒ずんだ山が浮かんでいた。まさしく陸影《りくえい》である。三十七日目に見るアメリカの大地だった。

咸臨丸とその乗組員は、さまざまな教訓、訓練、出来事を経験してサンフランシスコ湾に到着した。

木村摂津守、勝麟太郎、各士官、中浜万次郎、福沢諭吉および長尾幸作、齋藤留蔵など摂津守の従者、塩飽・長崎の水主たち日本人総勢九十四名の乗組員は、ブルック大尉以下十一名のアメリカ人船員の支援を受けながら、まさに前代未聞の壮挙をやり遂げた。

彼らは、厳寒期の大暴風雨と戦いながら、出航前に立てた航海計画通り、厳冬の太平洋を横断し、自分たちの船を無事に目的地アメリカ・サンフランシスコに到達させた。

まさしく、咸臨丸の乗組員は冬の北太平洋の怒涛を越えたのだ。

こうして、咸臨丸は、日本初のパシフィック・オーシャンの往路航海を成し遂げた。

ところで、咸臨丸が無事にサンフランシスコに到着したここら辺りで、近代日本を築いた英傑のひとりに数えられる勝海舟が、若かった頃に太平洋の往路航海の海の上で見せた態度について触れておこう。

木村摂津守は、性格がおだやかで、終生、人を中傷することをしなかったが、往路の海の上での艦長勝麟太郎の言動には本当に困惑したようで、晩年に至り、勝海舟が七十七歳で没した後、ある人に是非にと問われ、重い口を開いて、太平洋の往路航海の当時を追懐して次のように語っている。

「勝さんがどうしてもアメリカに行きたいというから、私がそのように取り計らったのに、幕府が身分を上げてくれなかったことが始終不満で、大変なカンシャクですから、いつも周りの人間に八つ当たりをしていました。

勝さんは始終部屋に引きこもっていたので、相談のしようがなかった。やむなく、私が勝さんの部屋に行って相談事をしようとすると、

『どうぞご勝手に』とか、

『俺は反対だ』

としか言わず、ふて腐った態度を取るばかりで、ホントに困りました。

さらに、私だけではなく、日本人士官や水主たちも、勝さんには、ほとほと手を焼かされ、ホントに困りました。

ある時は、大洋の真ん中で、突然部屋から出てきて癇癪を起こし、水夫に向かって、『バッテーラ（ボート）を卸せ。俺は日本に帰る』

と、訳のわからないことを喚き出す始末でした。

福沢先生も言っていました。

『勝が始終部屋にこもって出てこなかったのは、ただ船に酔っていたというだけでなく、身分についての不平不満がそうさせたのでしょう。いつも苛々して、云うこと為すことが支離滅裂でした』」


木村が続けて勝海舟の思い出を語った。

「私もそのように思いました。勝さんは陸《おか》の上ではいろいろ立派な仕事を残しましたが、海の上では、どうにもイケマセンでした。理性を失い、普段の勝さんとは到底思えませんでした。

船室で起き上がっても、船酔いで体がふらふらして定まらず、部屋のあちこちにぶつかっていました。その度に癇癪を起こし、自分の従者に当たり散らしているので、見ている私も、黙って耐えている従者がホントに気の毒でした」

最後に、木村芥舟が、しみじみとした口調で述べたという。

「やはり勝さんは、自信に溢れた陸の上での颯爽とした姿が似合う人でした。ともあれ、その後の勝さんの仕事ぶりをみれば、あのとき、望み通りにアメリカやハワイへ渡り彼国《かのくに》を直《じか》に見ることができたことは本当に良かったと思います。勝さんが見たアメリカやハワイの生の姿が、新しい日本の基礎を築くための大きな智恵の基になったのでしょうから。

それにしても、人の心を見抜く達人のあの勝さんが、士官たち周囲の気持ちをまったく察せられなかったということは、咸臨丸の船上では気力も体力もまったく疲弊していたというほかありません」

くだんのバッテーラ事件が起きたとき、勝のふてくされた態度に困惑している水主たちの姿を見た学識豊かな福沢諭吉が、勝麟太郎に向かい義憤に駆られてたしなめた。

「艦長が、自分の船を見捨てるようなことがありますか」

福沢諭吉は、福沢百助《ひゃくすけ》という儒学者を父に持ち、自身も大坂で蘭学者・緒方洪庵の適塾に学び、最年少二十二歳で適塾の塾頭となり、藩命により江戸に出て中津藩江戸屋敷の中で蘭学塾を開き、その講師となって多くの塾生を指導してきた博学多識の俊秀だった。

こういう福沢のバックグラウンドを知らない勝が、血相を変えて福沢の顔を睨みつけ、喚き返した。

「うるせい。下僕は黙ってろ」

勝麟太郎という人物の性向は、相手の立場が自分より勝っていると見ると懐柔策で臨み、劣っていると見ると「べらんめえ」調で一喝することによって自分を優位に立たせ、相手を屈服させる、つまり恫喝という手段を使う術《すべ》に長けていた。

このとき勝は、福沢を取るに足らない単なる木村の小者とみたが、その小者が将来の福沢諭吉であって、時代が下って明治となった後、わが国の先駆的な思想家、啓蒙家となり、日本の教育、言論、出版、政治、経済、外交に重大な影響を与え、あらゆる分野で日本を牽引する俊秀な人材を数多く育て、また、不偏不党の公正な世論の形成を目的にして「独立不羈《どくりつふき》」（他から何の束縛も受けないこと。何の制約も受けることなく、みずからの考えに従って事を行うこと）を理念とした明治期を代表する新聞

「時事新報」を創刊し、更には、東京学士会（現在の日本学士院）の初代会長を務めるなど、常に身をもって日本国の近代化を先導し、日本の歴史に偉大な足跡を残す大人物になるとは、夢にも思わなかった。

権威を嫌い、自由に憧れていた若き福沢諭吉は、「なんだ、こいつは」という思いをもって勝を見つめ、それが、咸臨丸の往路航海中に、恩人である温厚な木村摂津守に八つ当たりをして、てこずらせぬいた勝麟太郎への深い憎しみとなり、その憎しみを消すことは生涯決してしなかった。

勝は、木村と違い、福沢諭吉という希代の傑物を見誤った。

咸臨丸に関する古典的名著である『幕末軍艦咸臨丸』の著者文倉平次郎氏（一八六八〜一九四五）は、その著作の中で勝麟太郎を次のように評している。

「勝の性行を忌憚なくいえば、細心で剛毅をてらい、名誉心に焦《こ》がれ、反対者を威嚇又は懐柔する手腕を有し、筆に口に自己を宣伝するの癖がある。だから自分よりも七歳も若年で而も文官である木村摂津守が提督として尊敬されているのが不満であったかも知れない。又、長崎海軍伝習所時代の士官の中に彼と内心融和せぬものもあったためか勝は怒って許《ばか》り居った。（中略）木村将官が幸いに温厚の人格者であったから論争も表面化されずに済んだ。一面から見ればこれも勝の才智が勝自身を反省せしめたのかも知れない」

また、元東京商船大学教授で遠洋航海帆船『日本丸《につぽんまる》』(総トン数二千二百七十八トン)の船長であった、『咸臨丸、大海をゆく』『咸臨丸還る』を著した橋本進氏(一九二八〜)は次のように述べておられる。

「勝は一匹狼であったと思う。勝は咸臨丸で自分の欠点—自己中心の身の処し方と閉鎖社会での集団生活の不適格性—を知ってからは、集団の外に自分を位置させるようになった。そしてこのことが、アメリカ滞在中に得た最先端の知識と相俟って、日本という国を冷静に見つめることができるようになり、独自の生き方を貫いたのではあるまいか」

六　サンフランシスコにて

軍艦奉行木村摂津守は、サンフランシスコへ入港する前の二月二十三日、日本人乗組員に対して訓辞を発した。

「今般の航海は日本国開闢以来の大事業であり、各人の日夜の努力によって日ならずして着港することになり、まことに大慶の至りである。ついては、国内での航海においても乗組員各位は身を慎んできたことは言うまでもないが、今回は外国に来たのであるから、些細なことでも噂になってはもっての外である。一同いっそう身を慎んで日本人の正しく厳かな風習をアメリカ人に示したいと思う。万一、日本人は規律が悪いなどという風評が流れては、我々の辛く苦労した働きも徒労になってしまう。いわゆる『功を一簣《いっき》に欠く』という結果になっては、残念至極である。これらのことは改めて言うまでもないことであるが、今般の大航海は、将来の日本国の基本にもなることであるから、十分胆に銘じて慎重に行動して欲しい」

さらに木村は、二月二十九日、サンフランシスコに上陸するに際して、全員に対して外泊や単独行動の禁止、上陸時間の規制など上陸後の行動に関する具体的な注意を告示した。

こうして、木村摂津守は咸臨丸提督として、サンフランシスコ滞在中の乗組員全員の自覚ある行動を遵守させるべく、一般的、総論的な訓辞と、具体的、各論的な告示を出して、日本人全員の気持ちを引き締めた。

この木村の周到な配慮によって、咸臨丸の一行は、現地アメリカの人たちとの間で何のトラブルを起こすこともなく、アメリカ人からその礼儀正しさを大いに賞賛されることになった。

木村摂津守は、全員の気持ちを引き締めるだけでなく、咸臨丸を無事にサンフランシスコへ到着させたという乗組員の達成感を満足させることにも心を砕いた。

乗組員それぞれに、その働きに応じて恩賞を与えた。

二月二十九日、木村提督は乗組員全員に褒美としての現金を配った。帰国に備えて日本へのみやげ品などを購入する原資にしてもらう配慮からだった。

士官、ならびに公用方に銀二十枚ずつ、見習《みならい》、下役、医師に十五枚ずつを与え、同船したアメリカ水兵にも賞与金を与え、水夫、火役一同には洋銀七十八枚を分け与えた。

「これで、市内見物や土産物も買えるぞ」と喜ぶ水夫や火役たちに向かって、勝艦長が、彼らに理解しやすい口調で、厳しい訓示をあたえた。勝艦長のこの訓示は、木村提督を見習ってのことだった。

「皆は、日本人としての誇りを失い、アメリカの人たちから、うしろ指をさされるようであってはならない。こっそり酒食にふけったり、外泊をすることはいっさい禁ずる。規定の時間までに帰艦せよ。むちゃな買い物はしないこと。ひとり歩きはしないこと。芝居、見世物の見物はしないこと。しかし、招待ならいいが、なるたけ断るほうがいい」

しかし、現地の新聞アルタ・カリフォルニア紙の「日本人の動静」という記事のなかに、「日本人たちは昨夜サーカスを見物、すこぶる興じたように見うけられ、また、都会好きの一名はオペラの案内状をうけとった由《よし》」とある。


木村摂津守は、その後も、折々に現金でそれ相当の恩賞を配った。

例えば、メア・アイランドで咸臨丸の修理が完成したとき、無事帰国して浦賀に入港したときなどである。

配った恩賞の内訳は、木村摂津守の従者長尾幸作が詳細に記録に記しているが、二月二十九日に士官をはじめ水主など乗組員すべてに渡した金額は、総計百両を優に超す金額だった。

こうした現金はすべて、木村が戦費として用意してきた金貨とドルの中から出された。

幕府から借用した五百両には一両も手をつけず、帰国後早々に、五百両をそっくりそのまま幕府に返納した。

後年、木村が回顧している。

「私は、アメリカ渡航のために用意した軍資金をすべて投げうって、士官には各々多額の金銭を与え、その奮闘を十二分に慰労したので、家に帰ったときの私の財布には一丁銀《いっちょうぎん》すらも残っていなかった。この渡航における私の苦労は、実に他人には分からないものがあった」

木村摂津守が味わった苦労には、次のようなこともあった。

サンフランシスコに入港する際、咸臨丸のマストに旗章が掲揚された。

中央のメインマストに幕府軍艦旗である中黒長旗（わが国最初の日本国海軍軍艦旗

といわれる）、後部のマストに国旗（日の丸）が、そして船首部分には木村摂津守の家紋（丸に松皮菱）が掲げられた。

ところが、こうした旗の掲揚に到るまでには、士官たちの頭を悩ます勝麟太郎の身勝手な言動があった。

旗の掲揚に先立ち、公用方の吉岡勇平が通訳の中浜万次郎を伴いブルック大尉の部屋を訪れ、軍艦が外国の港へ入るときに掲揚する旗章をどうすべきか、意見を求めた。その際、吉岡勇平は、木村摂津守の身分を、①神奈川奉行と同格であること、②木村は日本の全海軍を指揮し、士官を選任できる地位にあること、③徳川将軍直々に任命されていること、をブルック大尉に説明した。

説明を聞いたブルック大尉は、即座に、

「軍艦奉行の木村摂津守が軍艦咸臨丸のアドミラル（提督）であり、旗章はこの軍艦に乗船している最上官であるアドミラルの旗を掲げるべきである」

と答えた。

そこで吉岡たち士官は、サンフランシスコ入港に際しては、アドミラルの旗章を掲げるべきだが、その旗章が用意されていなかったので、代わりに木村の家紋が入った旗を掲げることで衆議一決した。

木村もブルック大尉の意見を中浜万次郎に確認してもらい、木村の家紋の入った旗を掲げることにした。

この動きに、艦長の勝麟太郎が激しく反対して、口を挟んだ。

「この船は徳川将軍の軍艦であるから御紋附《ごもんつき》（将軍家の紋所《もんどころ》である三つ葉葵）を掲げるべきである」

木村が異を唱えた。

「お許しも得ずに将軍家の御旗を掲げることは畏れ多い沙汰である。後々のお咎めがあることは必定である」

士官たちも、そろって頷いた。

ブルック大尉も、これに同意した。

「この軍艦に乗船していない将軍の旗を掲げるのは、訪問先の国に対して非礼である」

勝は、自分の意見を無視されて多いに不満だった。

木村の家紋を掲げるのが、どうにもしゃくに障った。

この旗の一件については、真偽のほどは定かではないが、穏やかならぬ話が残っている。即ち、

「サンフランシスコ到着目前になると、体調を取り戻した勝麟太郎が突然、艦長の態

度をとり始め、あらかじめ用意しておいた勝家の家紋をあしらった旗章を取り出し、これを咸臨丸の艦旗として掲げようとした。目撃した仕官たちは仰天して、慌ててその旗を奪い取り、燃やしてしまったとか、隠してしまったとか」

ともあれ、咸臨丸の船上に限っていえば、艦長の勝麟太郎と仕官たちの関係が如何に険悪だったかがうかがい知れる。

入港して三日目、旗章の不満を引きずっていた勝麟太郎が、また問題を引き起こした。ことの発端は、日米双方から祝砲を打ち交わすことになり、まず、アメリカ側が陸から歓迎の祝砲を打ち、これに応じる形でサンフランシスコ停泊中の咸臨丸から応砲二十一発を打つことになった。

これは、アメリカから歓迎の祝砲を打つという連絡があったので、礼を重んじる木村提督がアメリカへの敬意と謝意を表するための応砲を、咸臨丸からも打つように命じたものだった。

ところが、サンフランシスコに着いたとたん、勝麟太郎が艦長の立場を口実にして突然威張りだし、木村提督の決定に猛烈に反対した。

「木村さん、やめておけ。応砲なんか出来っこない。なまじ遣り損うよりも、此方《こっち》からは打たぬ方がよい」

　勝の、軍艦奉行木村摂津守への対抗意識が露骨に表出した。

　この一件についても、福沢諭吉が間近で事の顛末を目撃している。

「勝麟太郎という人は木村提督に次いで指揮官であるが、至極海に弱い人で、航海中は病人同様、自分の部屋の外に出ることは出来なかったが、サンフランシスコに着港すると、指揮官の職分として万端指図する中に、祝砲のことが起こり、木村奉行に向かって応砲することに反対した。

　勝の反対に対して、木村奉行の気持ちを察した砲術方の佐々倉桐太郎が、

『イヤ、打てない事はない。俺が打ってみせる』

と言い返した。

　すると、勝が、冷やかした。

『馬鹿を言うな。貴様たち腰抜けに大砲を打てる筈がない。打てたら、俺の首をやる』

佐々倉はいよいよ承知しない。なにが何でも応砲してみせると頑張り、砲術方小頭の大熊実次郎や砲術方の群家瀧蔵たちに応砲を指図した。

『俺たちの腕の見せ所だ』

大熊や群家は、大砲の掃除、火薬の用意をし、慎重に砂時計で時を計り、物の見事

に応砲を成功させて塩飽の水主としての意地を見せつけた。

サア、佐々倉が威張り出した。

『首尾よく打てたからおぬしの首は俺の物だ。しかし、航海中、俺は用も多いから、しばらくその首をお前に預けて置いてやる。江戸に戻ったら、その首必ず返してもらうからな』

と言って、大いに船中を笑わせた。

兎も角、木村提督の命令どおり、応砲を打つことが出来た」

勝は、この場に至っても、士官や乗組員の伎倆が格段に上達していることに気がついていなかった。

ところが、船が陸に近づくや、勝が元気を取り戻し、急に指揮官としての態度を取りだしたものだから、砲術方責任者の佐々倉が勝に痛烈な反撃を食らわしたという一幕だった。

応砲をめぐって勝と佐々倉が対立し、挙げ句に勝が日本人士官全員の笑いものになったとき、ふらつく勝の身体を支えるため船室からその場に出ていた勝の若年の従者は、激しく度を失い、主人をその場に残して慌てて逃げ帰ろうとした。

その従者の背に向かって、士官の一人が大声を浴びせた。

「おーい、ひとりで勝手にどこへ行く。今日からお前は佐々倉の従者だぞ」

他の士官が、勝をからかった。

「異存あるまい、勝さんよ」

また、一同大笑いになった。


その従者は、咸臨丸の乗組員がサンフランシスコに上陸した数日後、アメリカ側が用意したメア・アイランドの日本人宿舎から無断で抜け出し、そのまま姿を消した。

誰もが、勝から離脱したのだと思った。

ある士官が、勝に質した。

「勝さん。あんたの供《とも》はどうした」

勝が、不機嫌そうに吐き捨てた。

「俺には、はなから供などおらん」

士官たちは勝の物言いに呆れ、そのとき以来、勝の従者のことには誰も触れなくなった。

日本に帰国した後も、勝は勿論のこと、木村も士官たちも、生涯、勝麟太郎の従者が姿を消した件については、一切口にしなかった。

サンフランシスコのメア・アイランド（太平洋往路航海で破損した咸臨丸を修理した海軍工廠跡地）には、

「若い日本人が、メア・アイランド滞在中に宿舎から抜け出て姿を消した。彼は現地に住むスコットランド人技師デヴィット・ワイトによって保護され、機関室の屋根裏に匿われ、咸臨丸が立ち去るまでサンドウィッチの差し入れを受けていたが、その後エスケープして行方不明になった」

という話が残っている。（二〇〇五年十月に現地で聴取）

自由と好運を求めて、アメリカ人社会の中へ逃れていったのだろう。

話を、本筋に戻そう。

咸臨丸は、サンフランシスコ停泊中に一般市民やアメリカ海軍から熱烈な歓迎を受けた。

軍艦奉行木村摂津守の従者となってアメリカの土を踏むことができた福沢諭吉は、英学の習得とアメリカの近代文明を肌で感じ取ろうと、毎日精力的に動き回った。

提督の木村摂津守も公式行事を次々とこなす一方で、福沢の目的に配慮して、福沢の行動範囲を緩やかに認めた。

「先生、今日は私と一緒に」

「今日は、先生お一人でどうぞ」

福沢は、その配慮に応え、目や耳などすべての五感を働かし、持ち前の好奇心を活かして、サンフランシスコの街中を歩き回り、見て回り、聞いて回った。

二頭立ての馬車を見て驚き、床に敷き詰められた絨毯の上を靴のまま歩くことにたまげ、三、四月の暖かな時季にシャンパンのグラスの中に浮く氷を見てびっくりした。

毎日が驚愕の連続だった。

福沢諭吉は、後年、その著書『福翁自伝』のなかで、サンフランシスコ滞在中の様子を次のように記している。

「サアどうもあっちの人の歓迎というものは、ソレはソレは実に至れり尽くせり、この上のしようがないというほどの歓迎。アメリカ人の身になってみれば、アメリカ人が日本に来て初めて国を開いたというその日本人が、ペルリの日本行より八年目に自分の国に航海して来たという訳であるから、丁度自分の学校から出た生徒が実業について自分と同じことをすると同様、乃公《おれ》がその端緒を開いたと言わぬばかりの心境であったに違いない。

ソコでもう日本人を掌の上に乗せて、不自由をさせぬようにとばかり、サンフランシスコに上陸するや否や、馬車をもって迎に来て、取り敢えず市中のホテルに休息という。そのホテルには、役人か何かは知りませぬが、市中の重立った人が雲霞のごとく出掛けてきた。

それからサンフランシスコの近傍に、メア・アイランドという所に、海軍港がある。その海軍港付属の官舎を咸臨丸一行の宿舎に貸してくれ、船は航海中なかなか損所が出来たからとて、ドックに入れて修復をしてくれる。逗留中はもちろん彼方で賄も何もそっくりしてくれる筈であるが、水夫をはじめ日本人が洋食に慣れない、矢張り日本の飯でなければ食えないというので、自分賄という訳にしたところが、アメリカの人はかねて日本人の魚類を好むということをよく知っているので、毎日々々魚を持って来てくれたり、あるいは日本人は風呂に入ることが好きだというので、毎日風呂を立ててくれるというような訳け。ところでメア・アイランドという所は町でないものですから、折節今日はサンフランシスコに来いと言って誘う。それから船に乗って行くと、ホテルに案内して饗応するというようなことが度々ある」

さらに福沢諭吉を最も驚かせたのが、アメリカ社会の「女性尊重の風習」だった。福沢が、驚きの筆致で自伝に記している。

それは、提督の木村摂津守に同行して行った先での出来事だった。

「あるときにメア・アイランドの近所にバレーフォーという所があって、そこにオランダの医者が居る。オランダ人は如何《どう》しても日本人と縁が近いので、その医者が木村さんをどうしても招待したいから来てくれないかというので、その医者の家に行ったところが、田舎相応の流行家とみえて、なかなかの御馳走が出る中に、如何にも不審なことには内儀《おかみ》さんが出て来て座敷にすわり込んでしきりに客の取り持ちをすると、御亭主が周旋奔走している。これは可笑しい。まるで日本とアベコベなことをしている。御亭主が客の相手になって、お内儀さんが周旋奔走するのが当然《あたりまえ》であるのに、さりとはどうも可笑しい。ソコで御馳走は何かというと、豚の子の丸焼きが出た。これにも胆を潰した。如何《どう》だ。マアあきれ返ったな。まるで安達ヶ原に行ったような訳けだと、こう思うた」

福沢諭吉は、木村摂津守の従者として一緒に行動できたおかげで、アメリカ社会の女性尊重の風習や豚の丸焼きを食するなどという、他の乗組員とは違った経験ができ、日本人からみれば非常に風変わりな風習・習慣に直に触れることができた。

また福沢は、木村から渡されたドルを使って、サンフランシスコの街中で買い物を楽しんだ。中浜万次郎と一緒に書店へ出かけ、万次郎が薦めてくれたウェブスターの辞書を二人で一冊ずつ購入した。

　サンフランシスコの街並みを歩きながら、万次郎が言った。

「福沢さん。アメリカという国は、努力次第で、自分の将来に夢と希望を持てる国です」

　福沢が、神妙な口調で答えた。

「私は、今、そういう国の土を踏んでいるのですね」

　福沢は、「アメリカへ行ってみたい」という夢が叶った満足感に溢れて、その場に立ち止まり、岸壁に打ちつける波の音を聞きながら、両手を青空に向かって思い切り伸ばし、サンフランシスコの潮の香りを胸いっぱいに吸い込んだ。

　万次郎が、笑いながら尋ねた。

「アメリカの空気の香りは、どうですか」

　福沢が、笑い返して言った。

「解放的な香りがします」

　万次郎が、真面目な顔つきになって言った。

「それが、この国が持っている『自由と平等』の香りです」

　福沢は、大きくうなずいた。

「なるほど。よくわかりました」

そうして、二人は、勢いよく前に向かって歩き出した。

福沢は、そのほかに、清国人がアメリカで刊行した『華英通語』も購入した。この本は、英語の単語と短文に、漢字で発音と訳語が併記されている使い勝手のよい書籍だった。

また、福沢は、私的な外出を一切しようとしない主人の木村摂津守の代わりに、木村家の人びとや恩師桂川甫周とそのひとり娘みねへのみやげ品などを購入するために、サンフランシスコの町を物色して歩いた。

帰国後、洋傘などの土産品を持ち帰った木村摂津守が家族に漏らしたという。

「福沢先生のおかげで、家族の者にみやげを持って帰ることができた」

さらに福沢は、単独行動禁止の御《お》達《たつし》に反し、小雨が降っている日に、こっそりサンフランシスコの町へ単身、着流し姿で出かけた。行き交うアメリカの老若男女が物珍しげに近寄り、いろいろと話しかけてきた。福沢は、英語で自国の風習を語り、アメリカ人の反応を聞くなどして、自分の英語の発音と聞き取りを試し、現地の人とコミュニケーションが取れるかどうかを確かめてみた。

福沢は、アメリカ市民と直接に会話をしてみて、自分の英会話力が格段に上達していることを確信した。

福沢諭吉には蘭学の素養があったので、英語の習得は早かった。

「長年の蘭学の修行は、無駄ではなかった」

福沢は、今までの修学に救われた思いがした。

自信を持った福沢は、雨宿りがてらサンフランシスコの下町にあった写真館にふらりと立ち入り、そこのドーラという名の十四、五歳の娘と会話をして、ドーラと一緒にツーショットの写真を撮った。

福沢の英語は、ドーラとの会話でも充分に通用した。

福沢は、アメリカに馴染んだそのときの満足感について、後年（四十年後）、『福翁自伝』のなかで、福沢らしい表現で次のように語っている。

「（復路の咸臨丸は）ハワイに立ち寄り、石炭を積み込んで出帆した。その時に一寸した奇談がある。（中略）

ハワイを出帆したその日に、船中の人に写真を出して見せた。

『これはどうだ。お前たちはサンフランシスコに長く逗留していたが、婦人と親しく相並んで写真を撮るなどということは出来なかったろう。サアどうだ。朝夕口でばかり下らないことを言っているが、実行しなければ話にならないじゃないか』と、大いに冷やかしてやった。

これは写真屋の娘で、歳は十五とかいった。その写真屋は前にも行ったことがあるが、丁度雨の降る日だ。そのとき私独りで行ったところ娘がいたから、

『お前さん、一緒に撮ろうではないか』

というと、アメリカの娘だから何とも思いはしない。

『撮りましょう』

と言うて一緒に撮ったのである。

この写真を見せたところ、船中の若い士官たちは大いに驚いたけれども、口惜しくも出来なかろう。

というのは、サンフランシスコでこのことを言い出すと、直ぐに真似をする者があるから、黙って隠して置いて、いよいよハワイを離れてもうアメリカにもどこにも縁のないという時に見せてやって、一時の戯れに人を冷やかしてやった」


咸臨丸の乗組員は、サンフランシスコの写真屋に競うように出入りして写真を撮っ

た。

最初は、浜口興右衛門、肥田浜五郎、根津欽次郎、岡田井蔵、小永井五八郎、福沢諭吉の六人が、福沢が先に話した写真屋で集合写真を撮った。このときの福沢は、他の五人と同じように、羽織袴に両刀を差した武士の正装姿で写真に収まった。

次に、小杉雅之進、松岡盤吉、鈴藤勇次郎、牧山修卿が写真を撮った。

火焚子頭の嘉八も写真を撮った。

乗組員それぞれが、写真の撮影を楽しみ、日本へのみやげにした。

提督の木村摂津守は、往路の太平洋上での乗組員たちの過酷な苦労と努力を十分認識していたので、サンフランシスコでの乗組員の行動について厳格な規範を示す一方で、実際の運用においては比較的穏やかな目で対応した。木村は、乗組員に異国の地での楽しい思い出を作らせ、乗組員の気持ちをひとつに纏め、円満な人間関係を築いておこうと心がけた。念頭には、復路航海への配慮が常にあった。

木村摂津守や勝麟太郎、各士官たちは、地元の各団体が主催する歓迎行事に精力的に出席する一方で、日本側も返礼のパーティーを開き、アメリカの要人たちと親しく交わり、日米親善に励んだ。福沢や長尾たち木村の従者も、可能な限り同席を許された。

行われた。

ある晴れた天候の穏やかな日、サンフランシスコ市の正式な歓迎会が市庁舎で執り行われた。

木村摂津守、勝麟太郎以下、当直を除く士官の全員が招待に臨んだ。

式場は市庁舎の机や椅子を片付けてスペースを作った応急の場で、正面の高壇に市長を挟んで木村摂津守と勝麟太郎が座る席が設けられ、市の幹部と士官たちは、下のフロアに設けられた肘掛け椅子に交互、左右に分かれて座った。

当時のサンフランシスコは、十数年前に北方にある金山でゴールドラッシュが発生してから後、急激に発展した町で、人口六万数千人の小さな都市であったので、迎賓館のような豪華な施設はまだ建設されていなかった。

このため、市庁の階下から二階に通じる室外の階段は、室内に入りきれない正式招待者ではないサンフランシスコ市民でぎっしり埋まっていた。

壇上に木村を導いた市長が木村に握手を求め、木村はにこやかに市長の手を握り返した。

そのとき木村は、懐から自分の名刺を取り出し、市長に手渡して、万次郎の通訳で自己紹介をした。

木村が手にした名刺は、サンフランシスコ到着後、地元の新聞社を表敬訪問したときにプレゼントされた軍艦奉行木村摂津守の英文名刺で、「Admiral KIM-MOO-RAH-SET-TO-NO-CAMI Japanese Steam Corvette CANDINMARRUH」と印刷されていた。

このとき木村が使った名刺が、日本人が外国人に使用した最初の英文の名刺であるといわれている。

市長と木村の握手と名刺交換が終わると、木村摂津守は万次郎の通訳を介して、市の幹部たちに向かい、日本の士官たちとも握手をしてほしいと要請した。

同時に、市長に向かって、

「会場の外にいるサンフランシスコ市民の人たちを部屋の中に招き入れ、日米両国民の交歓の場を広げたい」

と、提案した。

会場内外の百人を超えるアメリカ人たちは皆、この木村の好意的な配慮に非常に感激し、会場割れんばかりの拍手が沸き起こった。

会場の友好ムードが一気に盛り上がった。

アメリカ人と日本人との固い握手が一時間近く続いた。市民の中には、感激の余り、木村の肩を抱きしめる人もいた。木村も笑みを浮かべながら抱き返した。

アメリカ人と日本人の歴史に残るスキンシップだった。

おそらく、木村摂津守が、アメリカ人と親しくハグを交わした最初の日本人なのではなかろうか。

アメリカの出席者は皆、日本のサムライの日本刀と絹の着物に強い好奇心を持っていた。万次郎から予めこの話を聞いていた木村摂津守は、アメリカ人と身近に握手することで、この二つを間近に見せる機会を作ったのだった。

一連のセレモニーが終わると、日本人一行は近くのホテルに用意された宴席に案内された。アメリカ人は、あれこれ美味しい料理を勧めてくれ、一行が座っているテーブルの上はご馳走の山になり、差しつ差されつの賑わいが始まった。

会が最高に盛り上がったところでサンフランシスコ市長が立ち上がり、

「日本の皇帝とアメリカ大統領の健康を祝して乾杯」

と、杯を高く挙げ、乾杯の音頭をとった。

次いで、

「アドミラル木村に乾杯」

と、声高らかに叫び、杯を挙げた。

これに応えて、アメリカ人参会者がいっせいに立ち上がり、杯を高く上げ、一気に飲み干すや、木村摂津守に向かって盛大な拍手を送った。

アメリカ側の歓迎が終わり、ひとまず座が落ち着くと、木村摂津守が頃合いを見て立ち上がり、万次郎の通訳で提案した。

「今、貴国の淑女と紳士の皆さんから、日本の皇帝のために乾杯していただいたが、わが国の皇帝の名前がアメリカ大統領の名前よりも先にあった。今度は大統領の名前を前にして、アメリカ大統領と日本の皇帝のために乾杯していただきたい」

木村の提案が終わるや否や、会場全員から万雷の拍手と大歓声が沸きあがった。

木村摂津守の外交センスが遺憾なく発揮された場面だった。


こうした公式行事の合間を見て福沢諭吉は単独行動を取り、アメリカ訪問の目的を遂げるために、毎日精力的にサンフランシスコ市内の主要な場所や施設を訪ね歩いた。

福沢は、アメリカの国家体制や社会制度についてじっくり観察、理解に努めた。

ある日、サンフランシスコの街中から戻ってきた福沢が、非常に驚いた様子で木村に報告した。

「木村様、この国の人たちは、自国の大統領の子孫のことには、まったく関心がないようです。びっくりしました」

福沢は、このときの驚きの気持ちを、後年、『福翁自伝』の中で具体的に述べている。
「ところで私が不図《ふと》胸に浮かんで或る人に聞いてみたのは外《ほか》でない、今ワシントンの子孫は如何《どう》なっているかと尋ねたところが、その人の言うに、ワシントンの子孫には女がある筈《はず》だ、今如何《どう》しているか知らないが、何《なん》でも誰かの内室になっている様子《ようす》だと如何《いか》にも冷淡な答で、何《なん》とも思って居《お》らぬ。これは不思議だ。勿論《もちろん》私もアメリカは共和国、大統領は四年交代ということは百も承知のことながら、ワシントンの子孫といえば大変な者に違いないと想うたのは、此方《こっち》の脳中には、源頼朝、徳川家康というような考えがあって、ソレから割出して聞いたところが、今の通りの答に驚いて、これは不思議と思うたことは今でも能《よ》く覚えている。理学上のことについては少しも肝を潰すということはなかったが、一方の社会上のことについては全く方角が付かなかった」

一方、咸臨丸の乗組員がそれぞれのスケジュールをこなしている間、咸臨丸はメア・アイランド（メーア島）にある海軍造船所でアメリカ側の手によって、急ピッチで修理工事が行われていた。

咸臨丸の船体は、往路の荒波にもまれて著しく破損したため、修理が必要となっており、さらに、ブルック大尉が実際に咸臨丸を操船してみて、船の構造上の改善点を発見した。ブルック大尉は、提督の木村摂津守や日本人仕官に対して改善点を具体的に指摘して、修理工事についての助言や指導を行った。

ブルックの助言を受けた木村摂津守は、ブルック大尉を通してアメリカ側に咸臨丸の早期の修繕と改造の依頼を申し出た。木村の希望は、台風が日本に来襲する秋までには日本に帰り着きたいというものだった。

ブルック大尉は、木村の願いをもっともだと思った。

台風の恐ろしさを一番よく知っていたのは、身をもって経験した咸臨丸乗組員と、江戸湾で測量船フェニモア・クーパー号を失ったキャプテン・ブルック本人だったからである。

サンフランシスコからメーア島に回航された咸臨丸は、ブルックの技術指導と海軍造船所司令官R・B・カニンガムおよび修理担当のキャプテン・マクジュガルによる絶大な支援体制で修理、改造工事が進められた。

咸臨丸側からは、浜口興右衛門と鈴藤勇次郎の二人が修理を担当することになり、毎日、造船所に出勤して工事に取り組んだ。他の士官たちも工事に立ち会った。

メーア島での修理工事は四十日間の急ピッチなものであった。

その結果、咸臨丸はほとんど完璧に修理され、メーア島の造船所からサンフランシスコに回航され、復路の航海を待つばかりとなった。

提督の木村摂津守は、修理費用について日本側の全額負担を申し出たが、アメリカ側は、

「厳冬の海を越えてアメリカに来てくれた遠来の咸臨丸に対する大統領のお礼の気持ちとして、アメリカ側が全額を負担する」

という好意を示した。

木村はアメリカ大統領の配慮に深く感謝して、

「それでは、咸臨丸の工事に尽力してくれた人々に礼をしたい」

と申し出たが、これも丁重に謝絶された。

そこで木村は、修理を担当してくれたキャプテン・マクジュガルと相談して、サンフランシスコの消防士や船員の未亡人団体に、木村が日本から持参した二万五千ドルを寄付することで話を纏め、日本側の厚い感謝の気持ちとした。

こうしたにぎやかな接待行事や咸臨丸修理の出来事の裏に、木村や勝の心を痛ましめる報告もあった。

「水夫富蔵《とみぞう》ならびに源之助《げんのすけ》は航海中より加減が悪かったが、衰弱がはなはだしいので、当地の役人に相談したく思います」とのことで、海軍病院にベッドが用意され、二人が入院した。

富蔵は二十七歳、源之助は二十五歳。ともに塩飽出身で、そのため、同郷の幸吉《こうきち》、伊三郎《いさぶろう》が看護人として付き添った。だが不幸にも、二人は病院で亡くなった。

長尾幸作《ながおこうさく》も、病状がはかばかしくないので、いっしょに入院することになった。病人たちは、医師牧山修卿《まきやましゅうきょう》や士官たちに手伝われて病院に運ばれていった。

メーア島での咸臨丸の修理中、水主たちは日本への望郷の念を抱くと同時に、復路航海の難航に思いを走らせ、恐れ慄いた。

長崎小出町出身の火焚役子頭・内田嘉八が、日記『異国の言の葉』に記している。

「此の頃にては酒肴《しゅこう》等沢山にて御船《おふね》乗込中の不自由を忘れ一同相嗜《あいたしな》み居り、然共《しかれども》帰帆の節如何成る難渋之程も計り難き故、只今日《ただきょう》限《かぎ》りと而已《のみ》相心得、倹約の心は少しもなく暮らし候事」

内田嘉八の恐れには、それ相応の理由があった。

それは、咸臨丸がサンフランシスコに到着後間もなく塩飽出身の水主の富蔵と源之助が亡くなったこと。さらに、アメリカ滞在中、常時十人前後の病人が海員病院に入院していたこと。

そして、咸臨丸がサンフランシスコを出帆後間もなく、長崎出身の火焚の峰吉が死亡した。

死亡や病気の原因については正確に分からないが、往路航海ではたびたびの激しい時化に遭い、乗組員は炊飯できずに、干飯を立ったまま食べ、食事の時間も不規則であった。船室には終始海水が流れ込み、総がかりで必死にかい出す日が多かった。濡れたままの着衣で寝るという始末で、当然、全員が極端な睡眠不足に陥った。また、乗組員が持ち込んだ食料が腐敗し、勝が罹患していた重い風邪が船中に蔓延した。

症状として、激しい下痢と高熱が続き、衰弱していったという例が多い。

「晴れた日は航海三十七日のうち七日くらい」という往路航海の厳しい惨状が、嘉八の心を慄かせた。

客死した平田富蔵、岡田源之助、峰吉の墓石は、今も、サンフランシスコの南隣り、サンマテオ郡コルマの日本人墓地にある。

勝海舟の死後、勝の盛大な葬儀を見送った木村芥舟が家族に明かしたところによれば、水主の墓標を立てる際にも勝の反対があった。富蔵と源之助が亡くなったとき、木村摂津守は公用方の吉岡勇平に対し、石屋に注文して二人の墓石を建立することを命じた。

このときも、木村の為すことにことごとく反対してきた勝麟太郎が、他人事のように言った。

「水主の墓は土盛りでよかろう。墓石を作りたけりぁ、木村さん、あんたが勝手に身銭を切ればよい」

勝の冷たい言い方に、木村が憤然として語気を強めて反論した。

性格が穏やかで人と争うことを嫌い、このため発言が控えめであるところが木村喜毅の短所といえば短所であったが、このときばかりは、「要《い》らぬ口出しである」とばかりに、勝の発言を撥《は》ねつけた。

「人の死は厳かなものである。身分の上下は関係ない。あなたが口を挟むことではない」

それまでは、ひたすら黙って七歳年上の勝を立ててきた木村だったが、この問題についてはは勝の言い分を聞き逃すことができなかった。

木村の厳しい口調に、勝はびっくりして口をつぐんだ。

勝は、二人の死に落胆している水主たちを励ます一方で、この場面でも、木村の対応には反対したのだった。

こうして、木村が持参したドルで、平田富蔵と岡田源之助の立派な大理石の墓標がメア・アイランド滞在中に完成した。

福沢諭吉は、このときの勝麟太郎の言動を、軽侮する思いで見つめていた。

さらに、病院に入院していた水主たちへの対応についても、木村と勝で意見の対立があった。

サンフランシスコを発つに際して、亡くなった二人以外の入院者八名は、付き添いのため残留を申し出た塩飽出身の吉松と長崎出身の惣八の二名と共に現地に残ることになった。

木村は、水主や火焚たちだけで異国に残るのは心もとないだろうし、気の毒だと思った。士官たちも木村の意見に賛同して、公用方の小永井五八郎を残留させる案が浮上した。

木村が士官たちの案を病院側に伝えようとした矢先に、勝が口を挟んだ。

「言葉の通じねえ者を残しても無意味である。金を役人に預けて万事を頼んだほうがよい」

またもや、木村が持参してきたドルを当て込んでの勝の反論であった。

勝からすれば、それなりに筋の通った合理的な反論のつもりであった。

一方の、遠い異国に取り残される不安な気持ちを抱える病人たちの立場からすると、健常の士官が付き添い、残ってくれることを強く願ったが、勝は彼らの気持ちを汲もうとはまったくしなかった。

結局、木村が自腹から三千ドルをサンフランシスコ市の役人に預け、後事を託した。

このため、士官たちだけではなく、この顛末を身近で見聞きした水主や火焚たちすべての者の気持ちが勝麟太郎から離れた。

勝からすれば、もはや、そういうことはどうでもよい事だった。

「こやつらからは、相手にされていない」

勝は、集団の中では適しない己を悟るばかりだった。

その後、八人の病人のうち火焚の峯吉《みねきち》は咸臨丸が出港して直ぐに亡くなった。

その他の病人七名と付添人として残った吉松と惣八の合計九名は、その年の秋、アメリカ船で、箱館に無事送り届けられ、めいめい故郷に帰ることができた。

峯吉の墓標も役人が手配してくれて、サンフランシスコ市街のローレル・ヒルにある源之助と富蔵の墓に並んで立派に建てられた。

その後、三人の墓は、明治三十五年（一九〇二）に設立された加州日本人慈恵会によって、現在地のサンマテオ郡コルマの日本人共同墓地に移された。

木村が預けた三千ドルのうち余ったドルは、後日、サンフランシスコ市の役人から木村にきちんと返却されてきた。


晩年、木村が往時を回想して、妻の弥重《やえ》（一八三三〜一九一八）と海軍少佐鈴木大三郎に嫁した娘の清《せい》（一八六三〜一九四三）に、そのときの思いを述べている。

「命を落とした同胞を、彼国に残して日本に帰るときは断腸の思いであった。彼らの望郷の念を思うと、涙がとまらなかった」

軍艦奉行木村摂津守は、咸臨丸がサンフランシスコ湾を出るとき、離れてゆく陸に向かって手を合わせ、源之助、富蔵の冥福を祈った。

木村という人は、人の死に涙する人だった。

それは、十二代将軍家慶《いえよし》の時、江戸城内で起きた火事で桂川てやが将軍家への命を賭した奉公を貫いて焼死したときに、家慶がてやの懸命の奉公ぶりに感涙し、敬うが如くにてやを懇ろに弔ったことがあった。

この話を聞いた木村勘助は、家慶とてやの有り様こそ真の主従の姿と深く心に刻んだ。

「人には真心を込めて尽くし、謹んで哀悼する」

そのときに、木村喜毅の人間としての心構えができあがった。

「さぞかし、故国《ふるさと》へ帰りたかったことであろう」

木村芥舟は、終生、異国で最期を遂げた三人をいたく心に留めていた。

海軍病院で富蔵、源之助の臨終に立ち会った咸臨丸乗組員の医師牧山修卿は、

「されば世に残るうらみもあらざらん此処《ここ》を戦《いくさ》の庭と思えば」

と悼歌《とうか》を贈った。

平成の時代に入っても、日本の海上自衛隊の遠洋練習航海部隊がアメリカ・サンフランシスコに寄港した際には必ず、艦隊司令官が儀仗隊、音楽隊を伴ってコルマ墓地を訪れ、約百五十年前の江戸時代に異国で客死した三人の水夫の御霊を懇ろに弔っている。

式典には、現地のサンフランシスコ総領事や日本人慈恵会会長なども厳かに参列し

ている。

慰霊の回数は、海上自衛隊発足以来すでに五十五回を超えるという。

悲しいことだけではなく、嬉しいこともあった。

後に、木村芥舟が家族に語っている。

「アメリカで一番感銘を受けたことは、アメリカ人の親切に触れたときだった。アメリカの人たちは皆、懇篤にして礼儀があった。それは、あの国の風習教化がもたらす『善』によるものだと思った」

木村たち咸臨丸の人々が経験したアメリカ人の「善」の最たるものが、入院した病院の職員の親切で徹底した看護であった。アメリカ人医師や看護婦、従業員は、入院している者の人種を問わず、病室を常に清潔に保ち、毎日の清掃を怠らず、衣類、シーツも必要に応じて出してくれて、しかも一週間おきに取りかえ、病人の汚物も少しも気にせずに始末してくれた。

見舞いに訪れた木村や士官、水主たちは、この病院側の人道的な対応に深く感動した。見舞いに訪れる機会のなかった水主たちも、病院を訪れた仲間からこの話を聞き、非常に感動した。当時、苗字もなく、日本では一人前の人間としての扱いを受けていなかった水主たちには信じられないくらいのアメリカ人の親切であり、人間的な扱いだった。

アメリカの人たちは、誰彼《だれかれ》の隔てなく、入院患者全員に平等な看護をしてくれた。水主の中には、感激のあまり、声を上げて泣きだす者もいた。

木村は、病人だけでなく、失業者や老人、身体の不自由な人など、社会的弱者への救済制度が整っていることも、アメリカの風習教化の「善」だと受け止めた。そういう思いから、未亡人の団体への二万五千ドルの寄付を思い立ったのだ。

さらに、サンフランシスコ滞在中、招待されたアメリカ人の家庭を積極的に訪問して草の根交流を行い、あらゆる機会を通してアメリカの文明と人々の人間性に直接触れた。

訪問する際には、必ず従者の福沢諭吉に同行を命じた。命じることによって、福沢の行動を公的な色合いにする配慮をした。

そのときの経験が、帰国してからの二人の生き方、考え方に大きな影響を及ぼした。後の時代に至り、明治二十四年、木村芥舟が六十二歳のときに著した『三十年史』に福沢諭吉が序文を寄せて、次のように木村への報恩の念を表している。

「サンフランシスコに到着して、そこに滞在したのはわずか数ヶ月であったが、見聞することと全てが新しい知識、体験となった。以前から西洋の書物を読み、頭で考えて得た多少の知見も、このとき初めて実物に接して、自分の思想と食い違うものもあり、また正しく符合するものもあった。この航海は、自分の机上の学問を実の学問に変えたものといえる。生涯において、このこと以上の大きな利益というものは無い。この利益はすなわち木村軍艦奉行に知遇を得た賜であって、終生忘れることのできないものである」

また、木村摂津守は、同行の日本人医師二名に、オランダ人医師ヘルファーを訪問のためベネシアに行くことを許可し、さらには、小野友五郎と岡田井蔵《せいぞう》がキリスト教会のミサに出ることも許した。すべて木村摂津守の裁断によるものだったが、異教国禁の江戸時代にあっては、まことに大胆な裁断であった。

木村摂津守は初めて訪問した外国にあって、何の先入観も抱かずにアメリカ人と交わり、何事にも忌憚なく振る舞った。江戸にあるときと違って、幕府に一々伺いを立てる必要がなかったから、「善」と信じたことは何でも実行し、配下の者にも実行させた。

木村軍艦奉行は、あらゆる場面において、咸臨丸の乗組員にアメリカの異文化を吸収させようと努めた。

そういう木村摂津守の人間性に対する厚い信任があればこそ、日本の開国近代化を進めようとした井伊掃部頭は敢えて木村摂津守に監察（目付）を付けなかったのであろう。

後日、木村が、『奉使米利堅紀行』という回顧録に記している。

「余熟《つくづく》思うに、此国の人皆懇篤にして礼譲あり、今度《このたび》我国との交際を悦び、其傭婦、販夫に至るまで吾舶のはじめて来りしを快とせざるものなく、就中《なかんずく》其官人はつとめて懇切周旋し、毫も我徒に対し軽蔑侮慢の意なきは、まことに我皇国の威霊ともいうべきなれど、また其国の風俗教化の善も思い知るべきなり」

木村芥舟が記したこの「善」に関する一文には、徳川幕府の崩壊と共に徳川に殉じて隠棲し、明治新政府からの度々の出仕要請を断り、国家百年の大計のための教育を重視し、ひたすら子弟の教育に気持ちを込めた木村摂津守の想いが表れている。

要約して、木村が感じたところをいえば、

「アメリカの人はみな相手のために親身になり、礼儀と恩義を保ち、信義と仁愛でもって、自然とへりくだってくれる。今度のわが国との修好を喜び、わが国の軍艦がアメリカに初めて来たことを、メイドや売り子に至るまでが、快く感じてくれている。

とりわけ役人はつとめて懇切にあれこれと面倒をみてくれる。彼らが我々にほんの僅かでも軽蔑や侮慢の気持ちがないということは、この国の人々の人柄や精神性の良さと同時に、市民平等の教育の賜物であることを知らなければならない」

木村摂津守と福沢諭吉はアメリカへ渡ったことによって、木村は、人間就中《なかんずく》子弟の教育は、幼少の頃からの「善」の教育によってもたらされるものであることを知り、福沢は、国家の発展と安定の基礎は、万人に対する教育にあることを見極めた。

さらに、ふたりは、最先端をいくアメリカの技術水準の高さを実際に肌で感じ取ったことにより、列強に伍していくための日本のあるべき国家像として、技術立国をめざすための専門的な技術教育の絶対的必要性を強く心に感じた。

海上自衛隊によるコルマ墓地墓参
（平成22年6月撮影）

写真提供：海上自衛隊

第二章　咸臨丸、帰還す

J. M. ブルック

横浜開港資料館蔵　木村家寄贈

一　木村摂津守の無念

万延元年（一八六〇）三月八日、遣米使節団の一行が乗ったアメリカ軍艦ポーハタン号がサンフランシスコに到着し、先着して待機していた咸臨丸と合流した。

木村は、使節団の一行と一緒にワシントンへ上がることを考えたが、咸臨丸士官たちの雰囲気として、どうしてもワシントン行きを実現できない事情が発生していた。

それは、複雑で深刻な、生々しい人間関係に起因するものであった。

木村は、『木村芥舟翁履歴略記』に、次のようにそのときの様子を書き残している。

「出帆前、予に命じて、使節の内万一病気等にて事故あるときは、代わりて使節相勤むべしとの事なりしにより、予は此地より使節と共に華聖頓《ワシントン》府に到るべき筈なれ共、吾が艦ここに滞船中、我が在らざれば取締向如何と掛念なきにしもあらず、其の上乗組の内にも異議ありて、予が華聖頓に到るを拒むものあり。使節の一行は華聖頓の方へ赴きたれど、予は此一行と同じく都府に到るを得ず、（後略）』

木村の本心は、

「ワシントンへ上がり、ブキャナン・アメリカ大統領に拝謁し、日米修好通商条約の批准書交換の式典に参加したい」

というものだった。

これが、軍艦奉行木村摂津守としての大戦《おおいくさ》の最終目的であったからだ。

脳裏に、先祖伝来の宝物を全て売り払い、三千両を用立て、戦費を調えた父喜彦《よしひさ》の顔が浮かんだ。

「父上、申し訳ありません。果たせずに、日本に帰ります」

息子喜毅は、心で詫びた。

そのときの木村の思いは『奉使米利堅紀行』（清書版）にも記されている。

「船の修理ももはや畢《おわ》りぬれば、予速やかに出帆し帰国せんと思えり。如何となれば、吾輩の航海は今度を権與《けんよ》（最初の事）とすれば、万一過誤の事あらんに吾国海軍起立の盛衰にも関係すべし、また七、八月の候に至らば颶風《ぐふう》（台風）の時となり船士の尤も恐るる所なり、此地の滞船巳に五十日余に及びしかども、此国の人と毫《ごう》も（少しも）不快の事起こらず無事平穏なりしは、我国の威霊と諸士の謹直なるによるものにして、予の大幸とする処なり。（中略）予断然意を決して何事もなき内に帰帆せんと思えるなり」

ところが、「日記」に淡々とした表現でそのときのことを記しているものの、実際には、世にあまり知られていない事情があった。

晩年に至り、木村芥舟はそのときの状況について、二人の息子に、男の複雑な感情の妙として説き聞かせている。

普段、福沢諭吉以外にはあまり胸の内を明かさない木村だったが、夢の実現を阻まれたこのときばかりは生涯の無念として、どうにも気持ちが収まらなかった。

ワシントン行きに反対したのは、艦長の勝麟太郎であった。

勝が頑迷に反対した理由は二つあった。

その一つは、往路航海の間、艦長の勝麟太郎は、激しい船酔いのため操船の指揮を取れず、咸臨丸士官から総スカンを食ったため、途中で嫌気がさし、操船の全ての責任を提督の木村摂津守に押しつけ、太平洋のど真ん中で、

「俺は日本に帰るからバッテーラ（ボート）を下ろせ」

と、艦長の役目と責任を放棄する言動を取った。

そのとき、咸臨丸に同乗していたフェニモア・クーパー号の元船長アメリカ海軍大

尉ジョン・マーサー・ブルックは、「艦長たる者が、乗組員全員を見捨てて自分だけ船を下りるとはどういう神経の持ち主だ」と、勝の艦長としての資質に大きな疑問を持った。

その勝からブルックは、今度は、

「自分だけ咸臨丸から下りて、ワシントンへ行きたい」

という相談を持ちかけられた。

驚くべき無責任な相談を持ちかけられたブルック大尉は、内心非常に苦々しく思い、

「グッドアイディア」

と、一言だけ皮肉たっぷりに返答し、勝の申し出をまったく無視した。

ブルックは、「またもや、艦長が勝手に艦を下りると言い出すなど言語道断、悪い冗談だ」と受けとめた。

しかし、勝は本気で言ったのだ。

「ブルックに軽蔑された」

ブルックの冷《さ》め切った表情を見た勝は、慌ててブルックとの会話を打ち切った。

こういう経緯から勝は、提督の木村がワシントンへ行くらしい気配を察したとき、

自分も行きたかったのに行けない腹いせから頑強に反対した。

勝は、その理由を正当化するため、

「木村奉行がいなくては、復路航海中の咸臨丸船内の秩序が維持できない」

と強弁した。

しかし、この反対理由は、勝の立場からすれば自己矛盾した、筋の通らない論理だった。

なぜなら、勝の言い分は、艦長勝麟太郎という己の存在を自ら否定するに等しい主張だったからだ。勝は、その論理矛盾に気づかずに、執拗に反対を唱えた。

そうまでしても、勝は、木村をワシントンへ行かせたくなかった。

勝には、筋目の正しい、しかも、常に端然としている七歳年下の木村摂津守の存在がどうしようもなく腹立たしかった。

勝の反対理由の二つ目は、サンフランシスコやメア・アイランド滞在中、士官たちが勝に向かって露骨に見せた彼らの自信に溢れた表情と言動から、勝は、「船室にこもっている間に、俺は船乗りとして取り残された」ということに気がつき、内心大いに臍《ほぞ》を噛んだことにある。

往路航海中に、荒れる大洋の上で、ブルック大尉が心血を注いで施した日本人船員に対するシーマンシップ教育の成果から、勝麟太郎だけが一人完全に落ちこぼれた。

「もはや、俺には、誰も従わない」

復路の操船指揮を取る自信は完全に消え失せていた。求心力もまったく失せていた。

浦賀を出港する前に漠然と抱いた予感が的中したのだ。


一方、士官の間にも、木村のワシントン行きについて困惑の色が広まっていた。

それは、提督の木村が下船してしまうと、信頼を失墜した艦長の勝では乗組員を統率することが難しく、ましてや操船の指揮も取れず、乗組員全員揃って無事に日本へ帰ることができなくなると恐れたからだ。

また、木村がいないと、往路航海で勝が見せたわがままな行動を抑える者が誰もいなくなってしまうという懸念もあった。

福沢諭吉は、浦賀を出港する前に主人の木村摂津守から、

「咸臨丸が無事サンフランシスコに到着してからは咸臨丸から下船し、アメリカの船に乗り換え、ワシントンへ向かう。サンフランシスコから日本へ帰る咸臨丸の操船の指揮は、艦長の勝麟太郎が取る」

と、聞かされていた。

「先生もご一緒に行きましょう」

とも、内々言われていた。

福沢は、ワシントン行きをめぐる木村と勝の確執が生じるまでは、木村摂津守に従ってワシントンへ行くことを期待していたが、実際問題として、士官たちの恐れと懸念は充分もっともなことだと思い、木村に向かって敢えてワシントン行きを話題にしなかった。

また、往路航海で共に苦労をした乗組員仲間の心中を察すると、進言できる筈もなかった。


二人だけになった船室の中で、木村が静かな口調で福沢に語りかけた。

「先生、誠に無念なことですが、私はワシントンへ行かずに、ここから日本へ帰ります」

福沢は残念な気持ちを押し隠し、木村に向かって深々と頭を下げ、礼を述べた。

「木村さま。ありがとうございました。木村さまのおかげで、実際にアメリカの政治制度や社会を見聞することができました。帰国後の私の将来の道を開くことができました」

そして、アメリカの地で知った言葉を使って、自分の考えを述べた。

「木村さま、日本人は西洋人から学ぶべきことがたくさんあります。日本の発展の礎は教育にあります。日本人それぞれが自由と平等になるためには、人びとが自信と誇りを持ち、品位を保つことが必要です。そのためには、まず、人民の意識と教養を高めなければなりません。各人が自分一人ひとりで判断できる能力を養うことが肝要です」

木村は、同じ思いで深く頷いた。

二　咸臨丸の出港

万延元年（一八六〇）三月十九日。

午前六時、咸臨丸はボイラーに点火し、帰国の準備にとりかかった。

午前八時、水先案内人が乗船、直ちに錨を揚げ、船首を港口に位置するアルカトラス島台場（砲台）に向けて機走を開始した。

午前九時、同台場の前を通過する際、咸臨丸から、アメリカでの諸々の配慮に感謝して礼砲二十一発を送った。日本の軍艦が外国に向けて送った、日本国最初の礼砲だった。アルカトラス島の砲台からも二十一発の応砲が送られてきた。

日米両国間で繰り広げられた厳粛なエールの交換だった。

咸臨丸乗組員一同、固唾を呑んで日米友好の端緒となるこの光景を脳裏に焼き付けた。

午前十一時、港口から三海里出たところで水先案内人が下船した。

午後七時近くに、咸臨丸はエンジンを止め、スクリューを引き上げた。

咸臨丸は西北西の追い風にすべての真新しい帆を上げ、カルフォルニア海流に乗って、南西、ハワイ・ホノルルに向かって真っすぐに走った。

適度の風を背にして海の上を順調に帆走する咸臨丸の船上では、日本人乗組員の操船活動が非常に生き生きとしていた。往路航海のときとはまったくの様変わりだった。

往路航海においてブルック大尉が心血を注いで日本人に施したシーマンシップ教育が見事な結実となって顕れたのだ。

咸臨丸の順調な航海の様子を、蒸気方の小杉雅之進は「航海日誌」に次のように記している。

（橋本進著『咸臨丸還る』より）

「今朝午後より微風続きて、追々海面の模様よろしく、終に貿易風帯に至らんとす。衆義（衆議）して蒸気を止む」

このように、咸臨丸は北東貿易風帯に入り、乗組員たちは初めての貿易風を体で感じ、穏やかな航海を楽しんだ。

復路航海における士官の当直割については、木村摂津守の英断で大きく変更されたことは前述したが、この小杉雅之進の航海日誌によると、復路の航海では、さらに、合議制による操船態勢が取られたことが読み取れる。

復路航海を合議によることにした訳は、復路航海における艦長勝麟太郎の身勝手な行動を予め廃除しておく必要があったからだ。

この合議の実質的な指導者は佐々倉桐太郎（運用、砲術方筆頭）、浜口興右衛門（運用方）、小野友五郎（測量方）、肥田浜五郎（蒸気方）たちであり、これに中浜万次郎も相談役として加わったと思われる。

合議制については、帆仕立方水夫・石川政太郎がサンフランシスコ出港間もない三月二十六日に書いた日記『安政七申歳正月十三日　日記』にも出ている。

「朝より少々曇り、始終風はなぎ也、今日はこふしん（庚申）に当る故右の天気也。後《のち》成程《なるほど》風も追々吹き、誠に宜敷《よろしき》都合なり、今日士官之内、小野様、浜口様より異人五人乗組候得共《そうらえども》役に立たず、舵取、右異人四人は日本水主《かこ》舵取四人と二《ふ》タ時替《ときが》わり相勤《あいつとめ》呉候《くれそうろう》様被仰《ようおおせられ》候得《そうらえ》ば、皆々水主一統《いっとう》之義《ぎ》は御船乗廻しニ付而《つきて》は余人を便《たよ》りニ不到《いたさず》、我々計《ばかり》ニ而《て》日本迄乗付候《のりつけそうろう》由《よし》を早速申出候事」

つまり、この日、士官の小野友五郎と浜口興右衛門から水夫子頭は、「同乗した異人五人（うち一人は異人食専用コック）は役に立たないので舵取りにまわす。四人は一人ずつ四時間交代で、咸臨丸の当直水夫四人と一緒に航海当直に入れる」と申し渡されたのである。

この状況について、先出の『咸臨丸、大海をゆく』の著者である橋本進元日本丸船長は、

「異人四人を敢えて『役に立たず』といって、マストに登らせないで舵取りに回した小野と浜口の真意は一体どこにあったのだろうか。おそらく、帆船乗りとして最も重要な、しかし日本人水夫が最も苦手とする『操舵技術』を、異人に付いて早く習得させたかったのが士官らの真意だったのではあるまいか。

なお、このような申し渡しは、船将もしくは筆頭士官（いまでいう一等航海士）一人でよく、二人連名ということは合議の結果を周知させる手段であったのかもしれない。

一方、水夫子頭にしてみれば、士官らがやっと自分たちの航海技術を認めてくれたという思いがあるから、早速、『異人（アメリカ人）に頼らず自分たちの力で日本まで帰りましょう』と小野と浜口に申し出たのだ。水夫らに本音を吐かせ、彼らを本気にさせたのである」と説明しておられる。

三　咸臨丸、ハワイに寄港―木村摂津守の観察記録

万延元年（一八六〇）四月三日、提督の木村摂津守は、その日記『奉使米利堅紀《ほうしめりけんき》行《こう》』に次のように書いている。

「三日、方向前の如し、風東。午後より北東に変じ、浪《なみ》大にして動揺甚だし。夜中雲立多く、時々一円曇り前路見分けがたし。夜半に至り、船の左に当り雲の切れ間より山の形見ゆ。風順にして船足早く、次第に山近く其距離大凡《おおよそ》二里許《ばかり》とす。此山はサントイス島の内ワーホ（ｏａｈｕ）という小島にて、此島に入るべきなれど暗夜にて更に分明ならず。漸漸《ぜんぜん》島根に吹寄らるゝ模様故《ゆえ》、帆を減し羅針を北西半西に転じ、遠く島を放れ天明を待て港に入らんとす。此時蒸気の用意を命ぜり。

四日晴、夜も稍《ようやく》明けわたり島の様子も分かりたれば、又針を南南西に転じ、蒸気を用い帆も十分に張り、島の山根に沿うて走る。

第八時半、港口に入らんとすれば、向《むこう》より小船を划《か》して来るものあり。是乃《これすなわち》港案

内の者にして英国人なり。直《す》ぐに船に乗り移らしむ。

九時ホノルロの港に投錨。深さ三尋《ひろ》（一尋は一・八メートル）なり。

即時士官両三輩《はい》を上陸せしめ着船の由《よし》を達しめたり。同時に此地《このち》在留の亜国の士官、従者を具し船に来て余が着港を賀せり。

午後、彼方《かなた》より談判もあれば、余此の島王の為《ため》に二十一発の祝砲を放たしめしが、彼よりもまたその数のごとく応砲せり』

続けて、木村摂津守は、ハワイの様子について次のように書いている。

今から約百六十年前のハワイの様子が窺い知れて、非常に興味深い観察記録となっている。

『此《この》サントイス島は凡《およそ》七島に分かれ独立の国とす。人口合七万二千。国王はワーホのホノルロに住す。其《その》港には各国の商船停泊し、市街は欧羅巴《ヨーロッパ》、米利堅《メリケン》、支那《シナ》より来往する者多し、現地人は色黧《くろく》して極めて粗鄙《そひ》なり、男女皆跣足《せんそく》にして、食するときは一家相集り、地上に円座して、指を以って一盂《う》を輪啜《りんせつ》す。季候は四時夏のごとし、但《ただし》極暑といへ七十五度より八十五度に止まる。寒は五十度より下らずという。山上には常に雲掩《おお》うて炎熱殊《えんねつこと》に甚だしく、一歳雨降る事僅《わず》か四十日に過ぎずという。此島多く椰子を産す。現地人また水芋を作り常食とす。又多く芭蕉《ばしょう》を植て其実を喰ふ。西瓜《すいか》、茄《な》子《す》、胡瓜《きゅうり》皆春時より熟《じゅく》すという』

四　ハワイにて

万延元年（一八六〇）四月四日朝、咸臨丸はサントイス島（サンドウィッチ諸島オアフ島）のハワイ・ホノルルに着いた。

咸臨丸は日本人船員だけの操船で無事にホノルルの港に入った。サンフランシスコに入港したときは、ブルック大尉の指導とアメリカ人船員の支援があったが、今回の入港は日本人のみによる初めての入港作業だった。入港に際しては、礼砲二十一発の交換を行った。これらすべての行動を日本人船員だけで無事に成しえたのは、ブルック大尉によるシーマンシップ教育の結果だった。

五日に、港内に錨泊した咸臨丸から蒸気方の山本金次郎と通弁役の中浜万次郎が上陸した。石炭と水を補給するためであった。

「石炭は一トン六ドルだが、かなり良品なり」

と木村は日記に書いている。

他の士官も順次交代で上陸し、ホノルルの街を散策した。腰に大小をたばさんだ士官たちがホノルルの街を往くと、街中が一人残らず道路につめかけたかと思われるほどの見物の人出になった。

翌六日、ハワイ王室に仕えるイギリス人の役人が、咸臨丸にあらわれた。そして、国王の使者として、歓迎の挨拶を述べ、

「国王がお待ちですから、ご一緒にお出かけください」

と誘ってきた。

木村提督は、勝麟太郎、佐々倉桐太郎、山本金次郎、小野友五郎、伴鉄太郎を従え、ハワイ国王カメハメハ四世を表敬訪問することにした。

木村が承諾すると、使者は、

「さっそく、このことを報告します」

と、ひと足さきに急いで立ち去った。

木村たちは、途中にわか雨にあったりしたが、海岸に近いところにある王宮にたどり着いた。王宮は、石垣をまわりにめぐらせた建物であった。石の門を通り抜けると左右は樹木と花園で、中を一条の道路が通じていた。六十人ほどの衛兵が整列していて、捧げ銃《つつ》の礼で一行を迎えた。

英国人の使者は、そこに出迎えていた。

しばらくして、国王が姿をみせた。

年齢は四十歳くらい、雄偉な表情で、さすがに国王の威厳がそなわっていた。黒い羅紗《らしゃ》の服を着て、腰に剣をおびている。簡素な謁見の式が終わり、王が口を開いた。

「せっかくのご来島だから、宝物をご覧にいれよう」

と、別室に案内し、黄色い鳥の羽で編んだ不思議な衣装を示した。日本では見られない衣装だった。

「これは、わが国祖の召された衣服ゆえ、とくに歴代大切にしている宝です」

木村や他の士官たちは、何とも奇妙な気分にさせられた。アメリカでは見られなかった異質の文明だった。


なお、ハワイ王国は、寛政七年（一七九五）から明治二十六年（一八九三）までの九十八年間ハワイ諸島に存在した王国であり、一八九三年に、アメリカ人移民による革命により、アメリカ合衆国の傀儡《かいらい》国家として名目上共和制のハワイ共和国となり、明治三十一年（一八九八）に、ハワイ準州としてアメリカ合衆国に併合されて消滅した。そして、昭和三十四年（一九五九）八月二十一日に、アメリカ合衆国五十番目の州に昇格し、本格的なリゾート開発が始まった。

福沢諭吉は、アメリカ・サンフランシスコに滞在中、木村摂津守の意を受けて、精力的に、議会や病院、造幣局、郵便局、消防署、造船所、鉱山などを見学、また、自由、平等、民主、独立の理念、そして、正義・善の有様など、アメリカ国家統一の礎となるいろいろな制度、機構を詳しく調査、記録した。

同様に、ホノルルにおいても木村の意を受けて、短い滞在期間にもかかわらず、いろいろな情報を集めて、記録にとどめた。

地勢、季候、産物はもちろんのこと、例えば次のようなことも記した。特に、欧米人が現地人に及ぼしている影響をできるだけ詳細に観察した。

自分たち日本人の将来に関わる問題でもあったからだ。

福沢が記録に留めた以下の内容は、当時のハワイの状況を知るうえで、非常に興味深いものがある。

①この島では、外国の事務（外交）を司る役人は多くが外国人で、ことにアメリカ人が多い。それはここの国民が外国の事情に通じていないためだろう。また、武

威が奮《ふる》わないので、英国とか米国の保護によらないと、外患を払えないせいでもある。

②通用する貨幣はみな諸外国の金貨である。わけを聞くと、島内に金銀銅鉄の鉱山がないためだという。

③市街に外国の人民が永住を期して、店を開き、あるいは機械類を作る者がはなはだ多い。なかでもアメリカ人が多い。四千人を下らぬという。現地には、これという産業がないようだ。また、市内からやや離れて、美しい庭に邸宅をかまえて住む者がいる。これは土地の季候のいいことと、暮らしやすいことによるので、こうした美邸に住む者はみな外国人で、中国人も多く住んでいる。住みよい土地は、皆、外国人が占めている。

④この地の農民はひどい小屋に住んでいる。素足で履物をはかず、常食は芋をくだいて水とまぜ、糊状にしてその半ばは腐敗しかかって葛湯になっている。指で食べる。漁夫は年中裸体、ふんどし姿である。

⑤この島に毎年アメリカの船舶約百二十五隻が来る。これらの船舶は多くが捕鯨船で、この島で休むものである。

⑥島人の多くはアメリカ船に乗り、同国の北西岸あたりを航海する。一人前の水夫

となった者は帰島する。

更に福沢は、監獄も見学して、その設備や囚人のあつかい方、女囚や病舎などもくまなく調べた。日本に近い、この太平洋上の小さな島国に大いなる関心をもって、その有様を記録した。

余談ではあるが、このハワイでの状況調査を踏まえて、徳川幕府は、咸臨丸帰国の翌年、文久元年（一八六一）に、咸臨丸の運用方であった小野友五郎を咸臨丸の艦長にして、小笠原諸島の領有権確保のため、咸臨丸を小笠原に派遣することになる。小野友五郎ら一行は、父島・母島で詳しい調査・測量を行い、幕府はその調査に基づいて先進諸外国に対して日本の領有権を通告している。

一方、中浜万次郎にとっては、思い出の島に十年ぶりに寄ったことで、懐かしさでいっぱいであった。万次郎は、伝蔵、五右衛門と三人で日本に帰る際にいろいろと世話になったデーマン牧師の教会を訪ねると、牧師は健在で、万次郎の訪問を夢かと驚いた。

「きみが、サムライとなり、日本の軍艦の通訳官として乗っているとは！」

牧師は万次郎に伴われ、咸臨丸を訪れ、木村提督、勝艦長に紹介された。

五　木村摂津守と福沢諭吉の会話

福沢諭吉は主人の木村摂津守と肩を並べて、ホノルルの街を散策した。

木村が福沢にハワイの第一印象を言った。

「先生、空気の乾いた、居心地のよい島ですね」

福沢が、爽やかな風に吹かれながら答えた。

「ほんとうに木村さま、湿気の多い日本に比べると、別天地のようです」

木村も福沢も、順調な復路航海の見通しが立ったので、「これで無事に日本へ帰れるだろう」という安堵感から、開放的な気分でホノルルの街を見学して歩いた。

気持ちが日本に近づいていた福沢が、歩きながら軽い口調で木村に尋ねた。

「木村さま、日本に着いたらまず何を食べたいですか。私はまず、江戸の町人が好んで食べる『うなぎ』を食べたいです。『無事に江戸に帰れた』という気分になれるでしょうから」

木村が笑いながら、答えた。

「私はまず、『そば切り』を食べますよ。将軍家のお好みの食べ物です。それに先生、『うなぎ』は将軍家も好んで食されますよ。決して町人だけのものではありません。浜御殿へ御成りのとき、『うなぎ』を所望されたこともありました。恐れ多いことですが、私もご相伴に預かりました。『美味である』と非常にご満悦であらせられました」

木村摂津守が庶民感覚で、気楽に食べ物談議に乗ってくれた。福沢は無性に嬉しかった。

コバルトブルーの海面から吹き寄せる汐風が、福沢の気持ちを素直にした。

木村がとても身近な存在に感じられた。

「恩人であり、友人だ」と思った。

一方の木村は、すでに、難航する往路航海の咸臨丸の上で、福沢を「先生であり友人だ」と思っていた。

福沢の内心の動きを知ってか知らずしてか、木村が笑いかけた。

「先生、江戸に戻ったら、ご一緒に、うなぎとそば切りを食べに出かけましょう」

福沢は、木村の顔を見つめ返して、大きく頷いた。

「木村さま。ぜひ、ご一緒しましょう」

沈みゆく南国の真っ赤な太陽が、木村と福沢の姿をホノルルの路上に明るく浮き立たせた。

穏やかな波の音と鮮やかな茜色の夕焼けが二人の心を豊かなものにした。

福沢は、ゆったりとした気分でハワイの刻《とき》を過ごした。将来への不安は何もなかった。

その夜、打ち解けあった二人は、沖合に停泊している咸臨丸の木村の部屋で遅くまで話し込んだ。

福沢は、「大波に翻弄された往きの咸臨丸の中では充分に話せなかった自分の気持を、ぜひ木村さまに聞いて欲しい」という想いでいっぱいだった。

ようやく、ハワイの穏やかな自然の中で、木村摂津守に、今までの自分を洗いざらい話すことができた。

「私の父は豊前中津奥平藩の士族福沢百 助《ひゃくすけ》、母は於順《おじゅん》と申し、父の身分はやっと定式の謁見ができる程度の士族中での下級身分でした。足軽より数段宜しい程度の身分です。

父は大坂にある中津藩の倉屋敷に長く勤番していました。兄弟は五人。皆大坂で生まれました。長兄の次に女の子が三人。私は末子《ばっし》でした。私が生まれたのは天保五年（一八三四）十二月十二日で、父四十三歳、母三十一歳のときの誕生です。『諭吉』という命名は、父が入手した漢籍『上諭条例』という本からとったそうです。

父はそれから二年後の天保七年六月に脳溢血によって急死しましたが、そのときの事情は詳らかではありません。私が一歳八ヶ月のときでした。

後になって父の友人だった人から聞いたところによると、父は、好学、清廉、計数の才腕にすぐれた優れた有能、識見の人だったそうです」

ここで福沢は一息つき、しばらく黙り込んだ。そして、話しだした。

「父の急死で途方にくれた母はやむなく子供五人を引き連れ、大坂安治川口から船に乗って藩地の中津に帰りました。

中津での私は、能《よ》く饒舌《しゃべ》り、飛びまわり、刎《は》ねまわる至極活発な子供でしたが、木登りや水泳が苦手で、いつも家の中に閉じこもってばかりいました。とにかく同藩の子弟と打ち解けて遊ぶことが出来ずにひとり孤立していた少年でした。

これは、大坂育ちの私たち兄弟は、中津の子供らと言語風習を異にしていたこともあって、それが大きな原因でもありました。まず、言葉がまったく通じませんでした。

随分と淋しい思いをして育ちましたが、母子睦まじく暮らして、兄弟喧嘩などただの一度もしたことがありませんでした。至極正しい家風であったと思います。それは専ら父の遺風と母の感化力によるものだと考えています」

そして、木村の目を見つめ、思いつめた表情で言った。

「父は生前、『この子がだんだん成長して十《とお》か十一になれば寺にやって坊主にする』と母に度々語ったそうです。母には何のことやら訳が分からなかったようですが、私が成年になってその父の言葉の意味を考えてみますと、中津は厳しい身分制度が徹底している藩で、何百年経っても少しも変化がないという有様で、家老の家に生まれた者は家老となり、足軽の家に生まれた者は一生足軽のまま、先祖代々、家老は家老、足軽は足軽、その間に挟まって生まれた者もまったく同様で、その者に才があろうと努力があろうと身分に変化はまったくありません。

そこで父親の立場になって考えてみれば、藩士のままではどんな事をしたってとうてい名を成すことはできない。ところが世間には、坊主になれば、何でもない百姓の息子でも、魚屋の息子でも、懸命に修行の努力さえすれば、果ては大僧正になった例が幾らでもあります。

私の父は、四十五年の生涯どんなに頑張ってみても封建制度に縛られて何事も出来ず、空しく不平を呑んで世を去りました。父が余りにも哀れです。

幼い私の行く末を考え、息子を坊主にしてでも名を成さしめんとまで決心した父の心中の苦しさ、父の愛情の深さ、私はこの事を思い出す度に封建の門閥制度を激しく憤ると共に、亡き父の心のうちを察してひとり泣くことがありました」

そして、強い口調で言い切った。

「私にとって、門閥制度は親の敵《かたき》でございます」

福沢の横に並んで座って聞いていた木村摂津守は、無言のまま、福沢の肩をそっと抱き寄せた。

兄が弟を慈しむような抱き方だった。

福沢が続けた。

「父の想いを知った私は、坊主になる代わりに、学問で身を立てようと心に決めました。父の想いを知るまでは、勉学が嫌いで、本も読まなければ、手習いもしないという始末でしたが、十四、五歳の頃から本気になって勉学に励みました。

まず、白石照山塾で漢学を習い、次いで、兄三之助の勧めに従い蘭学を志し、長崎に行きました」

福沢は、話す相手が長崎の事情に明るい長崎海軍伝習所の二代目所長の木村摂津守であることから、長崎での行動については具体的な地名、場所名を交えて説明した。

「まず、長崎桶屋町の光永寺にしばらく下宿し、次に、砲術を学んでいた中津藩家老の子息奥平十学殿の持ち家に移り、さらに、奥平家の斡旋で砲術家の山本物次郎殿の家に移りました。

長崎での生活は約一年近くでしたが、その間死んだ気になって禁酒をして、勉学に励みました」

酒が大好物の福沢が軽く笑って付け足した。

「もちろん、丸山には行きませんでしたし、女を囲うこともしませんでした」

福沢は生涯、結婚前にも後にも妻以外の女性に一度も接したことがないといわれている。

木村は、福沢の含み笑いの意味を察して苦笑いした。

長崎の丸山遊郭は、江戸の吉原、京都の島原、大坂の新町、伊勢の古市と並んで日本の大きな花街として知られ、長崎海軍伝習所の生徒も頻繁に丸山に出入りして、風紀の粛清を図った当時の伝習所所長の木村図書は、随分と頭を悩まされたことがあったからだ。

福沢が、真剣な顔に戻って話を続けた。

「二十一歳になった安政二年（一八五五）、江戸遊学を決心し、その年の二月中旬に長崎を発ち、諫早に入り、諫早から船で佐賀へ、そして、長崎街道を経て下関、瀬戸内を通り、十五日目に大坂の兄三之助宅（蔵屋敷）に着きました。そのまま江戸へ向かおうとしたところ、家督を継いで亡父と同じ役についていた兄に説得され、江戸行きを断念し、大坂の適塾（緒方洪庵塾）に入門しました。私は三百二十八人目の適塾の門下生となりました。

このときが私の本格的な蘭学修行の始まりで、初めて規則正しく書物を教えてもらいました。私は一心不乱に勉学に励みましたので、自分自身、学業の進歩がずいぶん速くて、書生がいる中でも成績はよい方であったと思います」

懐かしそうに言った。

「私が適塾で修学したのは安政二年（一八五五）三月の入門から安政五年（一八五八）十月の江戸に出るまでの足かけ四年間でしたが、その間、兄の死などで中津に帰りましたので、正味二年九ヶ月の在塾でした。非常に充実した期間でした」

後年、緒方洪庵夫人が次のような談話を残している。

「福沢さんは塾に居たときから、他の門生とは万事が違っていて、この少年はきっとエライ人物になると、主人も云い、わたしもそう思っていましたが、しかし、あんなにエライ人になろうとは思いませんでした。感心なことには、その時から人より金を借りるということが、大嫌いなかわりに、至って倹約の人で、心がよかった」

福沢が続けた。

「安政五年（一八五八）十月、私が二十五歳のとき、中津藩江戸屋敷からの藩命によって、江戸在勤となり江戸に出てまいりました。そして、中津藩の中屋敷（築地鉄砲洲）の空家で蘭学の塾を開きました」

因みに、一階は六畳一間、二階は五畳一間のこの小さな学舎《まなびや》が、後の「慶應義塾」のルーツである。

福沢の顔が紅潮してきた。

「弟子を取り、蘭学を講じていたところ、アメリカから黒船がやってきました。

私は見物のつもりで、新しく開港された横浜へ行ってみました。ところが、そこで大きな衝撃を受けたのです。どこをいくら歩き回っても、オランダ語がまったく通じなかったのです。横浜から帰って、気持ちが実に落ち込みました。足の疲れどころの騒ぎではありません。今まで数年のあいだ死に物狂いになって、オランダの書物を読んで勉強しました。その勉強したものが、何の役にも立たなかったのです。しかし、落胆している場合ではありません。学問で身を立てようと決心した私です。そこで、新たに志を発して、それからは一切万事英語と覚悟を決め、奥平の藩に嘆願してホルトロップという英蘭対訳発音付き辞書を金五両で買ってもらい、その字引と首っ引きで、毎日毎夜ひとり勉強をしました。

そういうとき、桂川甫周先生から、ご親戚の木村さまが軍艦奉行になられて咸臨丸でアメリカへお渡りになるという話を伺ったのです。私はアメリカ行きを強く願い、すぐさま甫周先生にお願いして木村さまへの紹介状を書いていただいたのです。

それから先のことは、木村さまもご存知の通りです。

木村さまのお蔭で、私はアメリカへ来ることができ、アメリカの文化、文明、習慣などいろいろ生の知識を収めることができました。アメリカ人の気質も直に観察できました。

英学という生涯の大きな財産を得ることができました。私の将来を開くことができました。これもひとえに、木村さまのお蔭でございます」

話を終えた福沢は、木村に向かって深々と頭を下げた。

感じ入って話を聞き終えた木村は、福沢の手を固く握りしめた。

福沢も両手で木村の手を強く握りかえした。

顔を見合わせた福沢が笑いながら言った。

「それにしても、桂川先生のお嬢様みね様の松葉攻めには、何とも困りました」

木村が大笑いした。

「先生もみねの悪戯《いたずら》に遭われたのですか。それはお気の毒に、アッハッハー」

六　咸臨丸還る

わずか二泊三日のホノルルの停泊であったが、乗組員は充分に休養をとった。

四月七日、早朝というのに蒸気罐《がま》に火が入り、煙突からさかんに煙が吹き出した。

新鮮な野菜や水が積み入られ、七時頃、港口まで案内するパイロットが乗り込んできた。

当直は、小野友五郎と根津欽次郎である。

午前八時十五分、錨が巻き上げられ、おもむろにスクリューがまわりだした。

進路は南西。来た時と同じように、島の国王に対して二十一の祝砲を発した。向こうからも、応砲があった。

パイロットが、引いていたボートに乗り移って、咸臨丸から去っていった。

午後になって追い風となり、蒸気をやめ帆走に移った。この日、天気は晴れ、海は静か。夜に入って東北の風に変わった。

洋上、日によっては驟雨《しゅうう》がおそい、帆やデッキをぬらし、海面が白く波立つこともあったが、往路のようなしけにもあわず、天候に恵まれた順調で平穏な航海だった。復路の咸臨丸は日本人士官の合議による操船が行われ、アメリカ人船員の助力はまったく必要なかった。

水夫たちは、サンフランシスコ滞在中に撮った写真をあらためてまわして見せあったり、土産品として購入した貴重品のガラス壜、コップ、陶器の皿、マッチなどを見せあったりして、航海を楽しんだ。

万延元年（一八六〇）五月五日の木村提督の日記。

「五日、方向如前、風西南西、暁より雲行烈しく荒れ模様にて盪揚甚《とうようはなはだ》し、且《かつ》霧深くして前路分明ならず、第六時半に至って船の右あたり地方を見出《みいだ》せり。即《すなわ》ち房州洲の先の岬とす。満船喜躍《きやく》し、遂《つい》に針を転じ順風に乗じ、一瞬間浦賀に投錨」

正月十九日に浦賀を出航して、五月五日に、咸臨丸は無事、日本に帰ってきた。その感慨を、木村は手記に、「満船喜躍」のわずかの四字に込めている。

浦賀投錨は午前九時十分であった。

翌五月六日、午前十一時五十八分、浦賀港を抜錨して横浜港に向かった。

午後四時十九分、横浜沖に投錨。

ここで、復路の航海に協力してくれた旧フェニモア・クーパー号のアメリカ人船員五名が吉岡勇平に伴われて艦を去り、奉行所に引き渡された。奉行所は、五名を丁重に遇した。

午後六時四十分、咸臨丸は江戸・品川沖に向かい、午後十時二十分、品川沖に投錨した。

こうして、咸臨丸の太平洋往復航海は無事終了した。

海岸には、木村家の用人島安太郎《しまやすたろう》が出迎えていた。島が福沢諭吉に向かって話しかけた。

「いつ咸臨丸が戻るかわからないので、何十日か前から、今日か明日かとこの地で、沖を眺めて待ちわびていたよ。殿様はお変わりないか」

「それは、ご苦労さまでした。木村さまはお元気です。ときに変わったことはありませんか」

福沢は、半年近く接していない日本の情報に飢えていた。

「変わったこと？　とても大変な事件があったぞ。今日は端午の節句だが、雛の節句の日に…」

「島さん、それはもしかしたら、水戸の浪人たちが、嘉門さまの屋敷にでも暴れ込んだのではないか」

「おや、そんなこと、アメリカまで聞こえたのか」

「いや、そうではないが、出発当時のあやしい雲行きからして、そんなことかと、想像がつきますよ」

「それはお屋敷に暴れ込んだどころではない。井伊大老様が、折から雪の中をご登城のみぎり、桜田の御門で水戸の浪士ら十八名に襲われて、ついに殺されなすったよ」

福沢たちは、日本を外にしたあいだに、国内は暗い方向に傾いていきつつあることを、上陸そうそう知ったのである。

そして、春三月、半ばころ、年号も安政から万延と変わったこともはじめて知った。

木村提督は、無事の着船御祝《おいわい》として、つぎのように、乗組員に賞与をあたえるように命じた。

金三両三分（水夫小頭五人）、金十七両二分（水夫三十五人）、金一両二分（火焚《ひたき》小頭三人）、金二両三分（火焚十一人）。

太平洋横断航海という日本人初の壮挙を成し遂げた咸臨丸乗組員の人びとに、やわらかい故国の春の灯が横浜の海岸にまたたいていた。

咸臨丸の太平洋横断航海については、一九八八年にドナルド・キーン氏（一九二二〜）が、その著書「続 百代の過客（上）」（朝日新聞社）に収録の「奉使米利堅紀行」の終章で次のように総括されているので、その一部を引用する。

「咸臨丸が浦賀湾に投錨したのは、五月五日であった。長い航海もついに終わったのである。そしてこのことは、今や日本人が船を操って太平洋を横断出来る、という事実を、立派に証明した。

しかし、おそらくこちらのほうがもっと大事なのだが、二百年余にものぼる鎖国のあとにも、木村のような日本人が存在し得た事実をも、それは証明したのである。すなわち外国の地で、外国人に交じって、日本人としての自己を失わずに、易々と、しかも相手に感銘を与えながら振る舞うことの出来た日本人がいたことである」

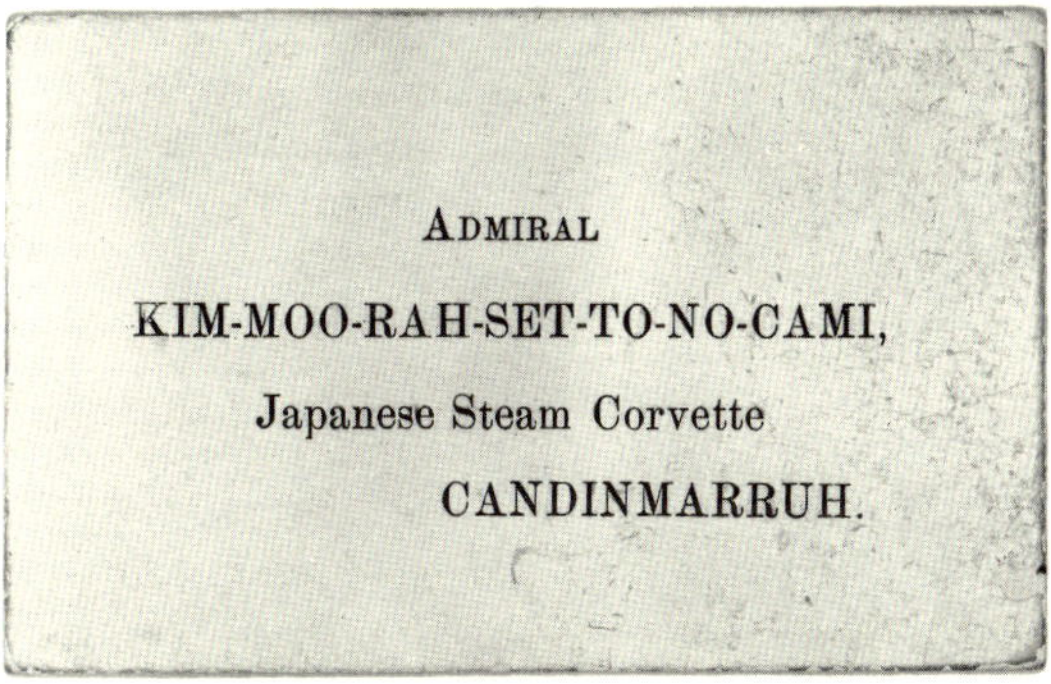

木村摂津守名刺
（咸臨丸渡米時のもの）

横浜開港資料館蔵　木村家寄贈

第三章　その後の木村摂津守と福沢諭吉

福沢諭吉先生と令夫人「錦」さん
（木村家蔵）

一 福沢諭吉の激怒

「何を思い違いされておられるのか。私は何も貴方に金子を差し上げているのではない。徳川様に殉じられた御尊父様に対する私の心を尽くしているまでのこと。あなたからとやかく言われる筋合いはない」

日本が日清戦争に勝利してから三年後の明治三十一年（一八九八）十二月の末、東京府芝区三田二丁目十三番地の慶応義塾大学部の敷地内にある福沢諭吉の邸内から、六十四歳の諭吉翁の凄まじい怒鳴り声が漏れて響いた。

咸臨丸で渡米してから三十八年が経っていた。

福沢は常にない大層不機嫌な態度で、顔色を変じて目の前にいる軍人の顔を睨みつけた。そして、険しい目を軍人の顔から背けると、相手を無視するかのように、不自由な手で傍らの書物を取り上げ、読み始めた。

福沢邸の中に緊張が走り、別室で控える家人たちは福沢の体を気遣って心配げに顔を見合わせ、恐る恐る奥の間の様子を窺った。

家族の心配は、福沢がその年の九月に突然脳溢血を発症して意識混濁に陥ったが、十二月に入ってようやく病魔を乗りこえ、どうにか健康を取り戻すことができたという事情にあった。

一方、福沢の前で顔面蒼白になって立ち尽くす相手は、福沢と同様に目や鼻、口が大きく、眉毛も濃い骨太の海軍軍人だった。

そのいかり肩の大男こそ、福沢諭吉が終生の恩人として敬う元幕府軍艦咸臨丸の提督を務めた木村摂津守喜毅の長男、海軍中佐木村浩吉だった。

その日、福沢は、暖を満たした寝間の布団の上で、六十四歳の老躯を静かに慰めていた。

そこへ、くだんの軍人が訪問してきたのだった。

福沢は、家の者から木村浩吉の来訪を告げられるや満面に笑みを浮かべ、麻痺が残る右手をあげて、嬉しそうに家人に指図した。

「奥の間へお通しなさい」

奥の間とは、書斎と私的な応接室を兼ねた部屋で、福沢が特に心を許した人だけを招き入れる特別の部屋だった。

つい数日前にも、木村浩吉の父木村芥舟が福沢を見舞いに福沢邸を訪れ、その部屋で日本の海防について論じ合ったばかりだった。

健康を害する以前の福沢諭吉は、福沢の方から木村芥舟の屋敷を訪れるのを常としていた。

木村家を訪れる際には、必ず、紋付羽織袴の正装で、邸の一町ほど前で馬車から下り、歩いて木村家の門をくぐった。

大雨、大雪の日であろうが、風の強い日であろうが、かならず乗り物から下り、自分の足で訪れた。

馬好きの福沢だったが、木村家の門の前に馬車を横付けすることは、決してしなかった。

だが、その日は、病み上がりの福沢を気遣い、木村芥舟自ら福沢邸に足を運んだ。

木村は、懐かしく太平洋横断時の回顧やら海防の意見を交換した後、夕刻に辞した。

その際、奥の間を退出する木村が福沢に向き直って、しみじみとした口調で言った。

「先生、くれぐれも体をお労《いたわ》りください」

福沢は、めずらしく気弱な声で応えた。

「木村さま、私の余命も残り僅かとなったようです。あと一、二年の命でしょう」

木村は福沢の顔を見つめて敢えて打ち消さず、深くうなずき返した。

そして、静かな口調で答えた。

「先生、逝くときはご一緒に参りましょう」

福沢が、微かに笑みを浮かべて応じた。

「木村さまとならば、何の畏れもございません」

木村が、小さくうなずいた。

「咸臨丸でご一緒したときのように」

二人は眼を見つめ合い、暫し昔の夢に耽《ふけ》った。


福沢諭吉の激しい怒りを買った海軍軍人木村浩吉は、文久元年（一八六一）七月生まれ、この年三十七歳。

父摂津守が太平洋横断航海の快挙を成し遂げた翌年に、木村家の長男として生まれた。

この日、海軍中佐木村浩吉が福沢諭吉を訪問した表向きの目的は、二つあった。

一つは、この年の九月に福沢が突如、脳溢血を発症したが、奇跡的に大患を乗りこえ、無事に六十四歳を迎えられたことへの祝意を述べることだった。

もう一つは、帝国海軍で二階級特進して海軍中佐に昇進したことを報告するためであった。

それは、三年前の明治二十八年(一八九五)に終決した日清戦争での黄海沖海戦における格段の戦功によるものだった。

木村浩吉は海軍大尉、水雷長として旗艦松島に乗り組み、めざましい働きをした。

この黄海海戦の勝利は、明治期の日本海軍が既に「戦闘海軍」の域に達していることを全世界に明確に示したものだった。

長い鎖国の時代を終えて開国した日本が、外国に充分に伍していけるという自信を日本国民に鮮烈に植えつけることになった歴史的な勝利であった。

福沢諭吉は、応接室の重厚な椅子に病み上がりの体を静かにあずけ、満面に笑みを浮かべ、恩人木村芥舟の子息の手柄を気負いのない平らな気持ちで悦んだ。

「めでたい。めでたい。御尊父様も大変お喜びのご様子でした」

福沢は、麻痺が残る大柄な体を無理に前に乗り出すようにして、海戦勝利の詳しい様子を興味深げに聞き出そうとした。

かねてから福沢諭吉は、清国を中心に成り立つ前近代的な東アジアの秩序を打ち砕き、文明思想を打ち立てるべきではなかろうかと、考えてきた。

それは、日本に接する朝鮮半島から清国の影響を排除し、朝鮮半島を近代化させて、半島が欧米や帝国ロシアの植民地になることをくい止め、これによって日本の安全保障を図る必要があるという思いからだった。

福沢は、この目的実現に近づくための重要な戦争と捉えていた日清戦争（明治二十七〜二十八年戦役）の勝利を心から喜び、木村浩吉の戦功を褒め称えようとした。

ところが、木村浩吉は、福沢が望んだ話に応じようとせず、深く思いつめてきた別の話を切り出した。

この話をすることが、木村浩吉が福沢諭吉を訪問した真の目的だった。

木村浩吉は、突然、福沢の前に直立不動の姿勢で立ち上がり、深々と頭を垂れた。

そして、顔を伏せたまま、意を決した口調で話し出した。

「福沢先生には、長い間、我が木村家にいろいろと経済のご支援を賜り誠にありがとうございます。父に代わり、厚く御礼申しあげます。

幸い私も戦功により大尉より累進して中佐となりました。これで、私どもも生活の安定を得ることができるようになりました」

木村浩吉は、海軍軍人としての思いの丈を、はっきりと口に出して言った。

「これからは、先生のお力を戴かなくても、私どもでどうにか過ごしていくことができると思います。つきましては、今後の御恵贈は誠に失礼ながら御辞退申しあげたく存じます」

木村浩吉は頭を下げたまま、一気に話し終えた。

そして顔を上げ、福沢の目を見つめて謝意を表そうとした。

ところが、木村浩吉の目に入った福沢の顔面は瞬く間に激しく変わっていた。先ほどの満足そうな笑みが消え、抑えがたい怒りで満たされていた。

福沢は、額に太い青筋を立て、険しい表情で木村浩吉を睨み返した。そして、一語一語鋭い怒気を浴びせ、烈火の如く叱りつけた。

「何を、筋違いの話をされるのか。

そのような思い違いをされては、この福沢、はなはだ不本意。

私は、貴方様に金子を差し上げているつもりは毛頭ない」

福沢は色をなし、さらに声を荒げた。

「私は、芥舟さまから受けたご恩に尽くしたいだけのこと。

そのことで、ご子息の貴方から、とやかく言われる筋合いはまったくありますまい」

言い終えると、憤怒の形相で傍らにあった書物をふるえる右手でにわかに取り上げ、

「帰れ」と言わんばかりに、木村浩吉の存在を無視して読み始めた。

手にした書物が、怒りでぶるぶる震えた。

木村浩吉は、福沢諭吉が露わにした激しい怒りと、投げつけられた厳しい言葉に気が動転し、頭の中が真っ白になった。

膝の上のこぶしを固く握りしめ、暫く福沢の様子を窺ったものの、取り繕うすべがないことを悟ると、姿勢を正して静かに立ち上がり、

「失礼いたします」

と深く一礼して、屋敷を辞去した。


木村浩吉は考え込んだまま、帰りの人力車の上にいた。

「生活支援の辞退を申し出ただけなのに、先生に怒られてしまった。なぜなのだろう」

穏やかな日和の師走の町は、先の戦勝気分がまだ続いているような、晴れやかな賑わいで溢れていた。

浩吉ひとり、世間の賑わいからまったく疎外された、音のない世界に沈んでいた。

「あぶないよ」

車夫が、疾走する人力車の前を無理に横切ろうとした通行人を、大声で制した。

車夫の叫び声で、浩吉は、ようやく我に返った。

そして、深い感動の中に入り込んでいった。

それは、激しく叱られたことによって、福沢の心意を知り、父木村芥舟に対する福沢諭吉の秘めたる想いの強さに気がついたからだった。

「そういう福沢先生をご立腹させてしまった」

浩吉の心が痛んだ。

浩吉は、もっと正確に福沢諭吉の人間像を知りたいと思った。

「福沢先生の若い頃は、どういうお方だったのだろう。誰に聞けば分かるのだ」

ガタガタ揺れる人力車の上で、体を上下に弾ませながら思いを巡らせた。

そしてようやく頭の中に、親戚筋に当たる「今泉みね」の聡明な顔が浮んできた。

今泉みねは、浩吉より六歳年上の父方の従姉で、幼い頃から福沢諭吉の身近にいた女性だった。

「みねさんに聞いてみよう」

浩吉は、謎の先が見えるかも知れないと思った。

一方、屋敷の奥の間に残された福沢諭吉は、一向に頭に飛び込んでこない書物の文字に倦むと同時に、内心の腹立ちが収まってきた。

「戦功を立てた位で、あの物言いは何ごとだ。『得意冷然、失意端然』という武人の心構えができていない。

父上の芥舟様は、非常なご苦労をされて厳冬の太平洋を横断された。だが、その功を一切口にされず、常に冷然としておられる」

一時は、そういう気持ちで怒りに身を委ねたのだが、木村芥舟の顔が脳裏に浮かんだ途端、急に怒りが引いてしまった。

福沢の生き様からすれば、たとえ恩人の子息であろうとも、言うべきことは言ったつもりだった。

ただ、「言い過ぎた」という後味の悪さが胸の中に澱んだ。

「所詮、子は子。子息には、私の思いは伝わっていなかったのだ」

福沢は、幼い頃からわが子のように慈しんできた木村浩吉を、思わぬことから激しく叱責し、冷たく突き放してしまった。

その後悔が、胸に突き刺さった鋭い棘のように心の中で疼いた。

その胸の棘が、太平洋上での遠い怒りを思い起こさせた。

「それにしても、大洋の真ん中で仲間を置き去りにして、日本へ帰ろうとした、あの男の、あのときの卑怯な振る舞いは、たとえ死んでも絶対に許されるものではない」

福沢は、じっと一点を睨み付けた。

二　今泉みねの話

数日後、木村浩吉は、重苦しい気持ちを引きずったまま、今泉みねの居宅を訪ねた。

今泉みね、四十三歳。徳川将軍家代々の奥医師を務めた七代目桂川甫周国興の次女（長女は早世）として、江戸の築地で生まれた。

母は浜御殿奉行木村又助喜彦の娘で、名を久邇《くに》といった。

久邇の弟が、木村浩吉の父、軍艦奉行木村摂津守喜毅だった。

つまり、浩吉とみねは従姉の関係にあった。

みねは、明治四年（一八七三）に十九歳で今泉利春と結婚した。夫利春は明治政府に仕え、司法官の仕事に就いていたが、赴任先の鹿児島で赤痢を発症し、五十一歳で生涯を終えた。

夫の死後、三十九歳のみねは子たちを引き連れて東京に戻った。

東京麹町区にあった今泉みねの家の座敷で、木村浩吉は、福沢諭吉との先日の顚末と、自分が困り果てている胸の内を包み隠さずに明かした。

みねは、幼少の頃から聡明で鋭い観察力を持つ女性として知られていた。また、幕臣の娘としての気概を持ち続けている女性でもあった。

木村浩吉は、頭の回転が速いみねに向かって隠し立てをした話は到底できるものではないと観念していた。

みねは、硬い表情で木村浩吉の話を聞き終えてから、浩吉の苦衷を察して穏やかな口調で話しだした。

「なんということを福沢さんに申し上げたのでしょう。木村芥舟の子息ともあろうお方が、そういう失礼な振る舞いをすれば、ご立腹されるのはもっともなことだと思います。

福沢さんが父上に差し上げておられることは、父上のお暮らしの糧へのご支援のためではありません。仮に、福沢さんのお気持ちがその辺りにあるようであれば、恐らく、あなたのお父上はそれをお受けにはなりますまい。

確かに、あなたのお父上と福沢諭吉さんの最初のご縁は、あなたが生まれる前の海の上のことでした。あなたがお父上と福沢さんとの関係を正確にご存じないのは当然のことかもしれません。

このままでは、あなたは、福沢さんに大変失礼な気持ちのまま、ご交誼をいただくことになってしまいます。

今日ここで、私から、福沢さんのお若かった頃のお話をして差し上げましょう。そして後日、あなたのお父上から、福沢さんへのお気持ちをお聞きになってみたらいかがですか」

そう前置きをして、今泉みねは話し始めた。

「福沢諭吉さんは、大坂堂島、中津藩大坂蔵屋敷内でお生まれになりました。

父上の名は百助《ひゃくすけ》殿（四十三歳）。大坂蔵屋敷にお勤めの廻米方、十三石二人扶持。母上は、お順様（三十一歳）。諭吉さんは二男三女（男、女、女、女、男）の五人目でした。

福沢百助殿のご先祖は、信州福沢の人ということです。

翌年の天保七年六月十八日に父上百助殿が四十五歳で急死されました。福沢さんが一歳を過ぎたときのことです。

死因は、脳溢血の病死とも、配下の非曲が知られ、監督の責を負って自刃したとも言われています。

福沢さんが赤児の頃の出来事でしたから、福沢さんは『詳《つまびらか》ならず』とおっしゃっていました。いずれにしても、百助殿は好学、清廉、計数の才腕すぐれて有能、識見の士であられたようです。

母お順様は、その年、長男三之助（十一歳）殿をはじめ、三人の娘、そして一歳八ヶ月の諭吉殿、母子六人で中津へ帰られました。そして、同年十月に三之助殿が家督を相続されました。

二十五歳になられた福沢諭吉さんが、藩命によって修行先の大坂の緒方洪庵塾から江戸に出てこられたのは、安政五年（一八五八）十月中旬のことでした。

そして、築地鉄砲洲の中津藩中屋敷に住み、そこで蘭学の家塾を開かれました。さらに、中津藩中屋敷の近くにあった、徳川将軍様の代々の御殿医を務めてきた桂川家第七代桂川甫周の家に度々出入りされるようになりました。

その桂川甫周が私の父です。

私が生まれた桂川の屋敷は築地の中通りにありました。

福沢さんはその中通りの家によくお顔をお出しになりました。

福沢さんは、お体もお顔の作りもとても大きい方で、桂川の家においでになると、体の重みでどっしり、どっしりと家中に音がして歩き回られるので直ぐにわかりました。

私が六歳か七歳の時分でした。

福沢さんは、桂川に出入りしていた他のお仲間とはちょっと違う雰囲気の方でした。懐は本で終始一杯にふくらんでいました。いつも本のことばかり心にかけて、父から洋書をよく借りていらっしゃいましたが、他の方が借りた本を写すのに一月《ひとつき》も二月《ふたつき》もかかるのに、あの方は大抵四、五日か六、七日位で写してお返しになりました」

みねは、当時を思い起こすように話を続けた。

「福沢さんがお召しになるものはお仲間の中で一番質素で、木綿の着物に羽織、それに白い襦袢をかさねていらっしゃいました。

父の講話は、刀掛けがある二十畳位のお座敷で、福沢さんはいつも、父の前で真面目に足をきちんとかさねて話をきいていらっしゃいました」

そして、吹き出しながらこう言った。

「ある時、私は福沢さんのすり切れた足袋に空いている穴を見つけて、松葉を十本ばかりたばにして突っついたことがありました。

でも、福沢さんは父の面前にお座りだったので、動くに動けず大分お困りのようでした。

私の悪戯《いたずら》は『桂川の松葉攻め』といわれて、学者のお仲間で有名になってしまいました」

みねは、表情を戻して、

「福沢さんは、非常に厳格な方でした。めったにお遊びになりませんでしたが、ときには私の相手をして下さることがありました。

歌がるたをしても名人だったので、福沢さんと組むといつも勝ちでした。福沢さんが相手方になると、遠慮なく私の組みを負かしました。私が不満顔をすると、『この世には、勝ちもあれば、負けもあるのです。負けたからといって、そういう顔をするのなら、人間をお止めなさい』と、私を厳しく叱りました。

福沢さんは何をしてもお上手で面白く、また物知りでいろいろお話をしてくれましたが、時間がくるとぴたりとよしてしまって、いくらねだっても聞き入れてくれませんでした。

その時は、いい方だけれど強情の方だと思いました。子どもに対しても機嫌をとる風がなく、教えてゆくという気骨がおありになりましたので、子供心に先生の様な気がしていました。どんなことを伺っても面倒がらずによく教えて下さいました」

そして、懐かしそうに明かした。

「父の甫周が家の者に、『あの人物は、将来必ず大成する』と申しているのを聞いたことがあります。私は幼いながら『そういうお方なのだ』と強く胸に刻んだことをつい昨日のように思い出します。何ごとも一生懸命に為さるお方でした」

みねが続けた。

「福沢さんがいつも口にされていました。『物乞いにむやみに物をやってはいけません。物乞いはなまけ者が多いから、むやみに物を遣るのはなまけ者を増やすようなものです』。この福沢さんのお話は今も忘れておりません」

さらに、

「福沢さんは、その他にもいろいろ教えてくださいました。例えば、『世間に向かって話を膨らませて喋ってはいけません。話を膨らませると、話の中に必ず嘘が入り込み、辻褄が合わなくなります。そうなると人を惑わし、嘘つきの誹りを免れません。後々、世間の笑い物になります』」

浩吉には、みねが明かしてくれた話に、福沢諭吉の人間性に迫る鍵が潜んでいるように思われた。

みねの回想をひと通り聞き終わった浩吉は、話の向きを変えて質問した。

「ところで、福沢先生が咸臨丸に乗ってアメリカに渡って行かれたときはどうだったのですか」

みねが、思い出すように答えた。

「ある師走が近づいた日の夕方、私は、疾《と》うにお帰りになったと思っていた福沢さんが突然、父が書見をしている部屋に現れて、両手を畳につき、父の顔を真っ直ぐに見つめて熱心にお話をしている姿を、向かいの部屋の廊下から目にしました。

その後、新銭座のおじさまが福沢さんをお連れになって、海を渡ってアメリカというところへ行くことを大人たちから聞かされました。幼かった私には、何のことやらよく飲み込めませんでした。

ただ、福沢さんに『おみや』をおねだりしたことを覚えています」

そして、補うように話を続けた。

「大人になってから、あのときのことを福沢さんにお尋ねしたことがあります。

福沢さんがお答えになったお話は次のようなものでした。

『自分が幕府軍艦咸臨丸に乗船して、アメリカへ渡ることができたのは、桂川甫周先生の奥方久邇様が咸臨丸の提督を奉じられる木村摂津守様の姉上に当たられるので、甫周先生に、軍艦奉行の木村摂津守様への口利きをお願いしたことにありました。私は、海軍の長上官である木村摂津守様なら、身分相当に従者を連れて行くに違いないと考えました。私はどうしても、その船に乗ってアメリカに行ってみたい志があったものの、木村様というお方は一向に存じ上げなかった。大坂から出て来たばかりの私には、そんな幕府の偉いお役人に縁はありませんでしたから。

そこで、桂川家は木村家とはごく近いご親類でしたので、甫周先生にお願いして「どうしても木村様の御供をしてアメリカに行きたいので、紹介して下さることは出来ないでしょうか」と懇願して、甫周先生に紹介状を書いていただいて、木村様をお訪ねしてその願意を述べたところが、木村様は即刻許してくだされ、「宜しい、連れて行ってやろう」ということになった次第です。

こうして、私は直《すぐ》に許されて木村様の御供をすることになったのです』」

福沢諭吉は、咸臨丸提督木村摂津守喜毅の従者になって、万延元年（一八六〇）正月十九日浦賀港を出帆、日本初の太平洋横断航海に臨んだ。

福沢は、念願であったアメリカの地を踏み、初めての外国を見聞することができた。往路三十七日、復路四十八日の航海で、木村摂津守と福沢諭吉は、サンフランシスコとハワイ滞在期間を含め、延べ百四十二日間にわたり行動を共にし、同年五月五日に浦賀港に帰り着いた。

そして、福沢諭吉は、アメリカから帰国したその年の十一月に、木村摂津守の推挙によって外国奉行支配翻訳御用御雇となり、外国文書の翻訳に携われるようになった。さらに、木村の口利きで、元治元年（一八六四）十月、外国奉行支配翻訳方として幕府に出仕し、禄高百俵取りの旗本として登用され、陪臣の中津藩士から幕臣に抜擢された。

このようにして、福沢は木村との出会い、後押しによって幕末から明治維新の時流に乗り、世に出ていくことができた。

木村摂津守喜毅が、大成する福沢諭吉の人生の端緒を開いた。このことが契機になって、二人は生涯にわたり深い親交を結んだ。

木村は、福沢を生涯の知己として、「先生」と敬称した。

福沢は、木村を終生の恩人として尊重し、礼を尽くし、肉親の兄の如くに慕った。

福沢が抱いていた木村摂津守喜毅（芥舟）への報恩の想いについては、福沢自ら記した文章がある。

これは、木村芥舟が明治二十五年（一八九二）二月に著した『三十年史』（幕末の外交史）へ福沢諭吉が序文を贈ったもので、次のように敬意と謝意を表した。

「これぞ我大日本国の開闢以来、自国人の手を以て自国の軍艦を運転し遠く外国に渡りたる濫觴《らんしょう》にして、この一挙以て我国の名声を海外諸国に鳴らし、自ら九鼎大呂《きゅうていたいりょ》の重を成したるは、事実に争うべからず。就中《なかんずく》、木村摂津守の名は今なお米国において記録に存し、また古老の記憶する処にして、我海軍の歴史に湮没すべからざるものなり。当時、諭吉は旧中津藩の士族にして、夙に洋学に志し江戸に来て藩邸内に在りしが、軍艦の遠洋航海を聞き、外行の念自ら禁ずる能わず。すなわち紹介を求めて軍艦奉行の邸に伺候し、従僕となりて随行せんことを懇願せしに、奉行は唯一面識の下に容易《たやす》くこれを許して航海の列に加わるを得たり。航海中より彼地に至りて滞在僅々数箇月なるも、所見所聞一として新ならざるはなし。多年来西洋の書を読み理を講じて多少に得たるところのその知見も、今や始めて実物に接して、大いに平生の思想齟齬するものあり、また正しく符合するものありて、これを要するに今度の航海は、諭吉が机上の学問を実にしたるものにして、畢竟の利益これより大なるはなし。而してその利益はすなわち木村軍艦奉行知遇の賜物にして、終に忘るべからざるところのものなり」

福沢諭吉は、外国での実地見聞が大きく役立ったことを身をもって感じ、さらにこの後、アメリカへ一度、ヨーロッパへ一度、合計三度の海外渡航体験を得ることができた。

そして、これら三度の海外渡航体験をもとにして、ベストセラーとなった『西洋事情』を著した。

この書の出版によって、当時の日本において、福沢諭吉が一番よく西洋の事情に精通している人物という世間の評価を決定づけた。

『西洋事情』の啓蒙的効果は絶大で、明治新政府の役人ばかりか、当時の日本中の知識人がこの本によって大いに啓発された。

福沢は、このような華々しい人生の端緒を開いてくれた木村の恩を「終に忘るべからず」と記したのだ。

一方の木村摂津守は、太平洋横断航海中、そしてアメリカ滞在中に、福沢諭吉が尽くしてくれた諸々の行為を、後年、家の者に次のように語って、福沢への感謝の気持ちを表している。

「先生は船に酔うこともなく、船酔いの私の介抱をして、飲食や衣服のことなど身のまわりの世話を熱心にしてくださった。

桑港《サンフランシスコ》に上陸した後も、常に私の身のまわりについていてくれた。私が風邪をひいたときなどは、枕元につききりで看病してくださった。

日本へ帰る日が迫ってきた時は、公用が多くなり、とても土産を買いに出られる状態ではなかった。私は土産物は買えないと諦めていたが、先生が気を利かして、相応の物をいろいろと購入しておいてくれた。

先生のお蔭で、帰国した後にも、私は面目を施すことができた」

みねの話を聞き終えた木村浩吉は、深く頷いた。

最後に、幼い頃から福沢諭吉の身近にいたみねが自分の考えを述べた。

「あなたのお父上は、徳川様への長年のご恩に報いて隠居され、また咸臨丸でアメリカにご一緒に渡りながら、その後ご病気のため自刃された鈴藤勇次郎様（注：咸臨丸運用方。画をよくし、帰国後『咸臨丸難航図』を描いて木村芥舟に贈った人であることで有名）のご不運、アメリカで命を落とした三人の水夫の方々などのことを偲んで、ご自分が新政府に出仕しようなどとは毛頭お考えにはならなかったのです。

福沢さんは、そういうお父上が何よりも大好きなのです。誇らしいのだと思います」

今泉みねは安政二年（一八五五）三月三日に誕生し、昭和十二年（一九三七）四月十日に亡くなった。数え八十三歳だった。その今泉みねが齢《よわい》をかさね八十一歳になった年から八十三歳で亡くなるまでの二年間、鎌倉の自宅で家族たちに父桂川甫周の交友関係や幼い頃から著名人と交わった思い出を語っており、その聞き書きされた内容が私家本となって『名ごりの夢』（みくに社）として世に出された。

今泉みねは、その本の中の「福沢諭吉さんのお背中」と題する章で、若き福沢諭吉の思い出を次のように述懐している。

「(福沢さんの）おうちは鉄砲洲のあたりだったと思いますが、私が六つか七つぐらいの時分に、福沢さんにおぶさって行ったことがございます。そのおせなかは幅が広くてらくだったことをいつも思い出します。普通は駕籠でなければ出られないのですが、福沢さんがかまわずそっとつれ出して下さいましたので、はじめて大川を見て大きなお池だとびっくりいたしました。途中でもいろいろ説明をして下さいました。お宅は大きな大名屋敷の長屋の中の一部で、その前に共同用らしいはねつるべのある井戸がございました。今でもしっかりおぼえておりますが、二間きりで玄関がなく、台所からおぶさったなりにはいって行きました。ぴかぴか光ったお釜がありましたので、『おや自分のおもちゃと同じようだ』と思いました。

おざしきは六畳ぐらいかと思いますが、床の間もありました。あとの三畳ぐらいはお台所でした。このほかにあるかないかは知りませんが、私の眼にふれたところはそれだけでした。この六畳のつきあたりが縁側で、便所があってそこでおしっこをした覚えがあります。いい子だいい子だとおっしゃって、ごじぶんのお机の引出しから日本にないものを出してくださいました。その時はもう外国から帰っていらっしゃった頃と思います。

いただいたものは二品だったと思いますが、たしか一品は羊羹のようなもので、食べるものではなくって、いい匂いがして水にぬらせば泡がでてくるものでした。いまから思えばしゃぼんでした。もう一つはリボンぐらいの幅のきれいなきれをいただきました。それを持って、福沢さんのおせなの中でいじりながらうちにかえりましたところ、父からおあずかりしておくと取り上げられましたが、その後またいただいて、今なお手許にありますので、時々出して見てはその昔を思いだしております。

父には何でもめずまし時計のようなものを外国みやげに下さったようでした」

幼いみねは、その当時はしゃぼんというものを知らなかったので、時々出してみては、鼻を押しつけて「メリケンの匂いがする」と悦び、楽しんでいたという。

そして、きれいな端布は、福沢諭吉につながる今泉みねの思い出の品として、生涯大切にした。

このような今泉みねの話から、木村と福沢の二人の性格と気持ちの通い合いが鮮やかに浮かび上がってくる。

職務に忠実であろうとした木村摂津守の生まじめさと、木村の多忙な様子を見て機転を利かした福沢諭吉の優しさが滲み出ている。

そして、可愛いがっていた幼いみねのために、サンフランシスコの商店の軒先を物色して歩き回っている若き日の福沢諭吉の姿が彷彿としてくる。

帰国後、福沢は頻繁に木村邸を訪れた。

その際には、必ず季節の到来物の手土産を忘れず、そのほか、発行され始めた『時事新報』や、書物などを持参した。

自著の『西洋事情』が刷り上がると、直ぐに木村のもとへ届けた。

また、木村摂津守喜毅の人となりについては、今泉みねが前出の『名ごりの夢』の中の「新銭座《しんぜんざ》のおじさま」という章で、次のように懐かしんでいる。

「母方でのたった一人のこの叔父は、お役目柄お浜を離れて、芝の新銭座に住んでおりました。(中略)

叔父はきつそうな大きな武士《さむらい》で、それでいて愛のこぼれるような方で、子供に対してもいつも少しも礼をお欠きにならず、ピタリとお手をおつきになっておじぎをおかえしになったので、子供ながら恐れ入りました。そして、新銭座の叔父様といえば、子どもの時分から最後のお別れするまで、いやなお顔を見たことはありません。ニコニコとして『いい子だね、おとなしいね』とおっしゃったのが耳について忘れられません。

さてこの叔父が軍艦奉行の役柄、咸臨丸で米国に行くことになりました時は大変な騒ぎで、何しろ軍艦といっても和船も同様なぐらいのもので太平洋を乗りきろうというのですから、生きてかえれるかどうかもわからないくらいに思って、知らない人まで邸の前に押しかけたそうでした。人を連れて行くことはむずかしかったようでしたが、福沢さんが僕《ぼく》（下僕）でもいいからぜひにと非常に熱心にお願いなさるので、父から紹介してとうといっしょに行けることになりましたが、途中お船がこわれかかってずいぶんこわい思いをなさったそうでした。（中略）

大人は心配していても私はおみやのことばかり。その時のものは卵のようなかたがついた藤と紫のぼかしの更紗《さらさ》で、それを長い間、着物できせられましたが、そうそう思い出すとふさのついた洋傘もいただきました。傘よりほか知らなかった時代でしたから、とても珍しく見てばかりいました。女中達はしゃぼんをいただきましたが、匂いがよいのと異人のように色が白くなれると思うのでみんな白粉の上から一生懸命ぬ

りつけていた様子を思い出すと吹きださずにはいられません。（中略）
御維新になってからは幾度仕官をすすめられても、ふっつりこの世から志をたち、詩や謡に一生を送って、徳川の旧臣として終りをまっとうしたのはあのおじ様らしいといつも思います。夕方よく納戸からお出になって、庭に面した縁側に座ができて、高砂や何かうたいをうたっておられるお姿がはっきり記憶に残っております。どこか非凡の力をもちながら、何をきかれても断言したことがなく、こうじゃないかと思うがと、何も知らないおじいさんのようになっていたおじの心をなつかしくも奥床しく思い出します」

木村摂津守喜毅は、明治維新後、歴史の表舞台から姿を消した。

福沢諭吉は、幕臣の生涯を貫いた木村喜毅の、ぶれのない生き様に共鳴した。

そして、木村が内に秘めていた一途な潔さに惚れ込んだ。

それは、福沢の父、豊前中津奥平藩の士族であった福沢百助が持っていた遺風と同質の、高いレベルの精神性を木村に感じたからであった。

こうして福沢は、木村芥舟を終生の恩人としてだけではなく、血が通い合った兄のように慕った。

三　木村摂津守と福沢諭吉の最後の会話

明治三十四年（一九〇一）一月二十五日午後、福沢邸の座敷の外は人の声もなく、静寂が漂っていた。

福沢諭吉が木村浩吉を激しく叱責してから二年が過ぎていた。

福沢が、向かい合って座っている木村芥舟に、不自由な口をおもむろに開いた。

「木村さま、本日は、福沢最後のお話をするつもりです。木村さまとお二人だけのときに、いろいろとお礼とお詫びを申し上げたいと思っておりました」

木村が、応えて言った。

「福沢先生、お礼とお詫びなら、私の方にも山のようにたくさんあります」

福沢を見つめる老いの目が潤んだ。

福沢が、ほかでは決して見せない人なつこい笑い顔を見せて、芥舟に言った。

「いえ、いえ、木村さま。本日は、私の方から話をさせてください」

木村が、会話を楽しむかのような顔つきで、提案した。

「それでは先生、今日は、年寄り二人の思い出話を一緒にすることにしませんか」

福沢は、我を通さずに、やわらかな笑みを浮かべて応じた。

「それでは、そういうことにいたしましょう」

二人は手の平をようようと振り合い、楽しげに笑った。

「そうそう、そうそう。咸臨丸の中でのように」

気心が知れた老人同士のじゃれ合いのようであった。


木村芥舟が表情を改めて、福沢諭吉に頭を下げた。

「先生からは、毎年、新年のご挨拶を頂き、盆暮れにはたいそうな金品も頂き、心からありがたく、深く感謝しております」

福沢が答えて、言った。

「いえいえ、お心に留めていただくまでもないことです。不躾なことと心得ておりますが、私の肉親に対すると同じような想いのつもりでおります」

木村が、心の底をのぞかせて、

「先生のお気持ちは、ありがたく感じ入っております。

それなのに、先年、息子の浩吉が先生に大変無礼なことをいたしました。心苦しく思っております」

福沢が、笑って応えた。

「たとえご子息であっても、木村さまと私の間に通い合う兄弟の如き情には、気がつかれていなかったのでしょう」

福沢諭吉は、いつも想っていた。

「木村さまに対する私の行いは、単なる報恩のためといった他人行儀の行いではない。尊敬する兄を切実に想う肉親の情である」

福沢諭吉が大いに立腹した木村浩吉（木村芥舟の長男）との顛末については、木村浩吉自身が談話として次のように語っている。

「自分は常にこれ（福沢諭吉から木村芥舟への経済支援）を心苦しきことに思いいたりしが、日清戦争後明治三十年（一八九七）の頃、幸い自分も戦功により大尉より累進して中佐となり略《ほ》ぼ生活の安定を得たるに就き、一日先生を訪い、従来の厚誼を謝し、今後の御贈与は失礼ながら御辞退申上げたしと申述べたるところ、先生は顔色を変じ、私は何も貴方に差上げるのではない、御尊父様に対する私の心を尽くすまでのことであると、平生になき語気にて非常に不機嫌なりし」（石河幹明著『福沢諭吉伝』

昭和七年、岩波書店）

二人が座っている部屋の中に、わずかな寒気が感じられた。

木村が立ちあがり、庭に面する部屋の襖を閉めた。

そして、福沢の目を見て、申し訳なさそうな口調で言った。

「息子の浩吉も、先生にご恩をお返ししようと努力して陸軍中佐に昇りましたが、やはり今風の人間なのでしょう。先生の深いお気持ちに気づくことができなかったようです」

福沢諭吉の胸にも、この出来事は不快な記憶として残っていた。

とはいうものの、福沢の方から父親の木村芥舟に向かって持ち出せる話ではなかった。

福沢は、木村の方からこの件を口に出してくれたことを心の底からありがたいと思い、たまらなくうれしかった。

「もうこれで、木村さまとのわだかまりは何もなくなった」

木村芥舟も、福沢の心のわだかまりに気づいていた。

二人は、穏やかに笑い合った。

因みに、木村芥舟の長男浩吉が福沢諭吉の没後に取った行動として、次のような記録がある。

ここに、木村芥舟の次女清の孫の金原文四郎氏（一九一六〜一九八九）が書き写した、大正十四年（一八二五）六月付けで作成された木村浩吉著『木村芥舟ノ履歴及経歴ノ大要』と題する文書のコピーがある。二百字詰原稿用紙にして二十一頁の手書きの資料である。

書き写された文書の奥書に、「祖母鈴木清（芥舟二女）ヨリ拝借、直チニ書取リ、記録ス。（自昭和十一年八月二十三日夜、至昭和十一年八月二十四日昼）孫金原文四郎」とある。

その文書の中に、次の一節がある。

「我国文化研究上ノ資料トシ殊ニ福沢先生一代ノ功業ニ関係アリトシテ慶応義塾図書館へ寄附セルモノ左ノ如シ

・奉使米利堅紀行（咸臨丸航海日誌）

・庚申米利堅航海針路図（咸臨丸航海ヲ記ス）

・千八百六十年三月二十一日米国桑港市會議決咸臨丸歓迎文（軸物）

・布哇王自筆ノ紋章（彩色畫）
・接待用米国政府ノ仕払切手
・米国フェニモアクーパー號吾東海沿岸測量中ノ水彩畫」
木村浩吉は、後年に至り、亡き福沢諭吉への恩返しとして、亡父木村芥舟にまつわる貴重な文献・資料を慶応義塾図書館へ寄贈した。


福沢邸の部屋の中へ戻ろう。

木村芥舟が火鉢に手をかざしながら、懐かしそうに口を開いた。

「以前、我が屋敷の近くで火事騒ぎがあった折にも、先生にいろいろとご活躍をいただきました」

「あっはっは。そんなこともありました」

福沢が愉快そうに、笑い声を上げた。

ある年の、ぴたっと風が止まった夏の夕暮れ、木村芥舟の屋敷の近くで火の見櫓の半鐘が派手に鳴った。

人の叫び声や走り回る足音など激しい騒ぎのなかを、大柄な福沢が学生数人を従えて着流しのまま、猛烈な勢いで木村の屋敷に駆け込んできた。

「ご免こうむります。散歩の途中で、火元が木村さまのお屋敷の近くらしいと聞き、無我夢中で走ってきました」

福沢は、にわかに木村邸の屋根にはい上がり、大棟に腰を下ろすと、手をかざして火元の方角に目をやった。そして、屋根の上に立ち上がり、右に左にと激しく動き回った。

木村邸の天井がぎしぎしと音を立てて、軋んだ。

木村の妻弥重が、仰天して、慌てて座敷から庭に飛び出した。

福沢は、火の勢いを見定めてから、屋根を見上げている庭先の木村に向かって叫んだ。

「木村さま、ご安心ください。幸い、風もなく、火の回りも遅いので、じきに、収まりそうです」

木村が、屋根の上の福沢に向かって大声をかけた。

「先生、ありがとうございます」

木村は、福沢との交流が始まった当初、咸臨丸の船内においても、それ以外の衆目の中でも、福沢諭吉を「福沢さん」と呼んだ。

ただ、福沢と二人だけのときは、「先生」と呼ぶこともあった。

後年になっては、「先生」と呼ぶのを常とした。

いずれの呼び方であっても、福沢への尊敬の念が込められていた。

福沢も、木村を、時と場により「木村さま」と呼んだり「木村さん」と呼んだりした。木村が福沢に、「摂津守様」とだけは絶対に呼んでくれるなと、強く念を押したことがあった。

そう言われて、福沢が怪訝な目を向けると、木村は屈託のない表情で、「先生の心と私の心はいつも同じ（等しい）でしょう」と、笑って応えたという。

屋根の上から福沢が、叫んだ。

「木村さん、大事に至らず、安堵しました」

木村家の屋根の上で、福沢諭吉は遠くを見る目つきになった。

目の先の夜空には、四十一年前に、荒れ狂う北太平洋の怒涛に翻弄されながら懸命に航行する咸臨丸の船室の中で一緒に過ごした、若かりし頃の木村喜毅の姿が浮かんでいた。

福沢諭吉は、咸臨丸以来、できる限り、木村の身近に居るように心がけた。

一緒にいるのが訳もなく嬉しかった。

昼下がりの寒風が、福沢邸の窓ガラスを叩いた。

屋敷の中で、二人は現実に戻された。

襖を開けて、福沢の妻錦《きん》が、新しい茶菓をささげて入ってきた。

木村は軽く頭を下げ、錦に親しげに声をかけた。


福沢は、サンフランシスコに上陸した木村が、臆することもなく、ごく自然な態度で周囲のアメリカ婦人に接した光景を思い起こした。

それは、従者としてサンフランシスコに上陸した福沢にとって、非常に心強く、誇らしく感じられる、木村の振る舞いであった。

咸臨丸が港に到着すると、サンフランシスコは町をあげて大騒ぎになった。

上陸した日本人も、迎えたアメリカ人も、お互いに好奇心のかたまりであった。

洋上の咸臨丸に、連日サンフランシスコ市民が大勢ボートに乗って見学に訪れた。

咸臨丸は女性の乗船を遠慮してもらう措置を取ったものの、勇敢なアメリカ婦人は男装をして見学に訪れ、乗船してきた。

提督の木村摂津守は、そうと知りつつ、彼女たちの乗船を黙認して丁寧な応接を行い、彼女たちが下船するときには、日本から用意してきた「かんざし」を乗船記念としてプレゼントするなど、粋なもてなしをした。

地元の新聞記者たちは、日本人の一行を詳細に観察して報道した。

木村摂津守について、ある新聞は次のように報じた。

「彼は一見しただけで温厚仁慈の風采を備えた人物で四十歳前後と見受けられた。やがて彼は紳士的な服装で謙恭な態度であらわれた。彼は白い足袋をはき、白の草履をはいていた。また濃茶色の上衣と紺色の羽織を着用、太い銀色の紐で結んでいた。また左の腰には大小の刀を帯びていた。

大小二刀を帯びることが出来るのは士官であり、刀は非常に鋭利なものである。軍艦奉行の髪は前額をそり後部で美しく束ねてあった。そして、軍艦奉行の部屋の正面の壁には大統領ブキャナンの肖像が掲げられているのを認めた」

他紙は、次のように報じた。

「アダムラール（木村摂津守）は頭上より足の指先に至るまで貴人の相貌があった。軍艦奉行には四人の従僕が常につきそい、非常に忠実に仕えていた。上官も決してかれらを不必要にどれい視するようなことはなかった」

木村は、サンフランシスコ、その周辺で過ごした五十日の間、何人かのアメリカ海軍士官やその家族と親しく交流した。

彼らは、こぞって木村を自宅に招き、盛大な宴を張ってくれた。

木村は喜んで招待を受け、福沢たちと一緒に彼らの家を訪問し、異国の地で大いに楽しんだ。

木村は、その中の何人かの人たちを、自分の「友《フレンド》」と呼び、親密に交際した。

こうした木村のアメリカ人との交流態度について、ドナルド・キーン氏は前出の『続百代の過客（上）』の中で、次のように書いている。

「思うに、日本人が西洋人に対して《友》という言葉を使った、おそらくこれは最初の事例ではなかったろうか」


木村芥舟と福沢諭吉の、思い出話が終わった。

話し終えた二人の脳裏に、今までの人生の光と影が一瞬交錯して消えた。

木村が、遠くを見るような目つきで言った。

「以前私が大病をしたとき、病後の療養のために、先生ご一家が私どもを箱根湯本に誘ってくださったことがありました。ひと月程、旅館に滞在させていただきました。お陰で体力が戻り、生きる気力も蘇りました」

福沢が立ち上がり、部屋の襖をわずかに開け、廊下越しに庭を眺めながら答えた。

「木村さま。あの時が私たちの人生の折り返し点だったのです。そして、いよいよ、人生の終焉が近づいてきました」

葉が落ちた庭の大木の枝の隙間から、傾きゆく冬の陽が見えた。

夜の静寂が訪れていた。

木村芥舟も、ゆっくりと立ち上がった。

福沢が振り返り、木村の目をみつめて言った。

「木村さま、あなた様が、私の終生のいちばん大切な兄上でした」

木村も福沢の目をみつめ、深くうなずき返し、福沢の手を固く握った。

福沢も、つよく握り返した。

木村芥舟と福沢諭吉の最後の会話だった。

福沢諭吉は、その日の夕食後、厠《かわや》に立ち、その帰りに歩行困難となり、家人に助けられて就寝。夜になり、医師の往診があったが、すでに昏睡状態に陥っていた。

脳溢血の再発と診断された。

昏睡する福沢諭吉の脳裏に、懐かしい人たちの顔が浮かんでは、消えていた。

厳とした父、凛とした母。

穏やかな桂川甫周と聡明なひとり娘みね。

厳冬の太平洋の荒波に翻弄されながら難航する咸臨丸の中で、福沢と同じように船酔いをせずに動き回った浜口興右衛門、中浜万次郎。

木村摂津守の従者として一緒に咸臨丸に乗り、親しく行動を共にした長尾幸作と齋藤留蔵。

そして、木村と肝胆相照らしたハワイのホノルルで共に見上げた、あのときの真っ赤な太陽。


福沢諭吉は、翌月の明治三十四年（一九〇一）二月三日午後十時五十分、三田慶応義塾内の私邸にて生涯を終えた。

享年満六十六歳。戒名「大観院独立自尊居士」

福沢諭吉死去の報に接した木村芥舟が、つぶやいた。

「先生が逝ってしまわれた」

木村は、深い慟哭の極みに沈んだ。

そうして、海軍一家の長、木村芥舟も、同年十二月の初めに病床に臥し、同月九日、土手三番町の私邸で、福沢諭吉との約束を守るかのように後を追い、静かに生涯を閉じた。

享年満七十一歳。戒名「芥舟院殿穆如清風大居士」

意識が薄れていく木村の頭の中で、米国桑港《サンフランシスコ》に向かって嵐の中を木の葉のように揺れて難航する咸臨丸の提督室の中で、福沢と体を支え合いながら二人並んで座り、語り合った、あのときの光景が浮かんでいた。

二人はともに咸臨丸で、黄泉《よみ》の国へ渡って逝ったのであろうか。

木村芥舟
（明治32年10月 70歳）

横浜開港資料館蔵　木村家寄贈

木村摂津守の家族

木村家の人々
（明治22年7月）

木村家蔵

後列左より浩吉（長男）、芥舟、駿吉（次男）
前列左より千子（浩吉妻）、弥重（芥舟妻）、清（次女）、利子（長女）

木村摂津守の次女清《せい》と同居して育った孫の金原周五郎氏（一九一九〜一九九一）から聞いた話によると、木村摂津守は、最後は勘定奉行となり、崩壊する幕府の後始末をつけたあと徳川家に辞職を願い出て、慶応四年（一八六八）七月二十六日に三十六歳で隠居し、家督を八歳の長男浩吉に譲り、芥舟と号した。

明治後は再々の出仕の要請を断り、徳川に殉じた。

このとき、芝新銭座から武蔵府中へ転居。

府中に居住中も、福沢諭吉は間断なく木村芥舟を慰問に訪れた。

明治二年十二月、父喜彦《よしひさ》（一七九六〜一八六九）が没した。享年七十三歳。

芥舟は、父の墓前でアメリカ大統領に拝謁しなかったことを深く詫びた。

明治四年八月に武蔵府中から東京四谷坂町へ転居。

このときの木村家の家族は、芥舟、妻弥重、長女利子（その後、他家へ嫁す）、長男浩吉、次女清、次男駿吉の六名であった。（金原周五郎著『雲白く・我が祖先を尋ねて』より）

四谷坂町へ転居後すぐに、福沢諭吉が木村邸を訪れ、芥舟へ経済の支援を申し出た。

「以前より、木村様が何か不慮の災害に遭われたときには、わずかながらでもお助けをさせていただこうと思っておりましたが、それではその災いを待っているようで、私の本意に合いません。これからは、毎年《まいとし》、心ばかりのわずかな物を差し上げたく存じますので、何卒お受け取りくださいでしょうか」

さらに福沢は、芥舟の妻弥重《やえ》に向かって神妙な顔つきで言った。

「木村様のお引き立てのお蔭で、今では、福沢諭吉は大丸（大丸百貨店）ほどの豊かな暮らし向きになれました。奥様のお心をお慰めさせていただきたいので、いつでも拙宅にお出でいただき、妻錦と語らうなど、いつまでもご逗留ください」

その後、福沢から毎年盆と暮れには金銭や品々、そして木村芥舟が好きな食べ物がいくつか添えて届けられるようになった。

こうして、福沢諭吉の経済支援を受けた木村芥舟は、子弟の教育に力を注いだ。

長男浩吉を海軍兵学校（九期）に入れた。浩吉は兵学校を席次第三位で卒業した。

次女清は東京女子師範学校（お茶の水女子大学の前身）を卒業。

次男の駿吉は東京予備門（旧制一校、東京大学教養学部の前身）を卒業した。

明治三十年（一八九七）、長男浩吉は海軍少佐に進み、父のために麹町区土手三番町に新邸を建て、芥舟と同居した。

浩吉は、明治三十七年（一九〇四）七月に海軍中佐から大佐に進級、次いで明治四十二年（一九〇九）十二月に海軍少将に進級した。

旧幕臣の子弟ながら木村浩吉は明治海軍の少将まで昇り、父芥舟の遺志を継ぎ近代日本海軍の基礎作りに多大な貢献をした。

次男駿吉は、その後、東京帝国大学理学部に入り、卒業後、一八九三年から一八九六年までアメリカに留学し、まずハーバード大学院に学び、その後四百ドルの奨学金を得てイェール大学院で二年間学んだ。

帰国後は、明治二十九年（一八九六）七月に第二高等学校（旧制二高）の教授として仙台に赴任したが、明治三十三年（一九〇〇）三月、海軍に奉職、海軍教授、海軍無線電信調査委員会の委員を任じた。

この海軍無線調査委員会の設立の経緯について、後年（昭和十年五月十日）、木村駿吉が、『日本海軍初期無線電信思出談』のなかで次のように述べている。

「グリエルモ・マルコーニが無線電信を発明してからしばらくして、明治三十年頃であろうか、逓信技師の松代松之助君が無線電信について研究を始めた。それを見学した外波内蔵吉《となみくらきち》海軍中佐（後に海軍少将）が山本権兵衛海軍大臣（後に海軍大将）に建言し、移動する海上艦船との通信に必要適切であるから、海軍においても研究を行うべきとなり、明治三十三年に海軍無線電信調査委員会が設けられた。それは一面において、日露戦争が到底免れないことを感得されたが為であろう」

木村駿吉は、兄木村浩吉の仲立ちで、この委員会の委員に任命された。

研究の目標は「三年間の間に、八十海里の到達距離を持つ無線電信機」を開発することで、八十海里という設定は、当時の軍艦の速力や艦隊の行動予定区域から定められたものだった。木村駿吉は、緊迫する東アジア情勢を睨み、寝食を忘れて無線電信機の開発に没頭し、翌三十四年末には目標を達成させた。

木村駿吉も、父芥舟の遺志を継いで、近代日本海軍の戦力強化に大いに貢献した。奇しくも、海軍一家の長である木村芥舟は、次男駿吉が実施した無線電信機の八十海里通信試験が成功した明治三十四年（一九〇一）の十二月九日にこの世を去った。

特筆すべきは、明治三十八年（一九〇五）五月二十七日未明、哨戒艦信濃丸から「敵艦見ユ」との無線電信が旗艦三笠に届き、ただちに聯合艦隊が対馬沖に出動し、ロシアのバルチック艦隊を撃破した日本海海戦の勝利についてである。

即ち、ロシア・バルチック艦隊が対馬海峡に向首した五月二十七日午前四時四十五分、哨戒艦信濃丸がこれを発見し「敵艦見ユ456地点信濃丸」との無線電信を旗艦三笠に発信した。

信濃丸に続き和泉丸がバルチック艦隊を追尾し、敵艦隊の総数、艦種、隊列、進行方向、速力など、すべての必要な情報を旗艦三笠へ送信した。

これを受けた東郷平八郎司令長官は、同五時五分に全軍に向けて出動を命じるとともに、「敵艦隊見ユトノ警報ニ接シ聯合艦隊ハ直ニ出撃之ヲ撃滅セントス　本日天気晴朗ナレドモ浪高シ」と大本営に打電した。

旗艦三笠の司令部では秋山真之参謀以下、敵艦隊に関する完璧な情報を得て、戦わずしてすでに勝算を得たと歓喜した。

このときの情報送信に使用されたのが、海軍技師木村駿吉がリーダーになって完成し、世界でもっとも性能のよい無線機といわれた三六式無線電信機であり、その送信距離は八十海里に及んだ。

秋山真之参謀や聯合艦隊の歓喜の様子は、秋山中佐より木村駿吉に送られた次の書簡に如実に表れている。

「日本海の大捷は天佑神助によると雖も、無我無心なる兵器の効能の亦頗る著しく、就中《なかんずく》無線電信機の武功抜群なりしについては、小生深く貴下に感謝するところに御座候。

旅順の難鎖これがために遂行、対馬海峡の哨戒監視もこれありて成立す。五月二十七日夜『敵艦見ゆ』との信濃丸の電信を感受したる吾々の歓喜たとうるものなく、即ちこの警報の達したる午前五時半、皇軍大捷の決定したる千金一刻とも申すべし。(中略)

吾々司令部員がこの海戦において奉公の応分を尽し得たりとせば、その用いし武器は無線電信と鉛筆とコンパスにて、特に貴下に対して深厚なる謝意を表する所以《ゆえん》に御座候。

六月十日

旗艦三笠にて

秋山真之

木村駿吉様 」

木村芥舟が施した息子浩吉、駿吉への英才教育と、二人の近代日本国海軍の歴史に残る任務の完遂は、二人の努力も然《さ》る事ながら、木村芥舟を兄と慕い、芥舟への報恩を生涯貫いた福沢諭吉の経済支援によるところが大きかった。

江戸城のお堀を背にした高台の閑静な屋敷町、麹町区土手三番町での福沢諭吉との

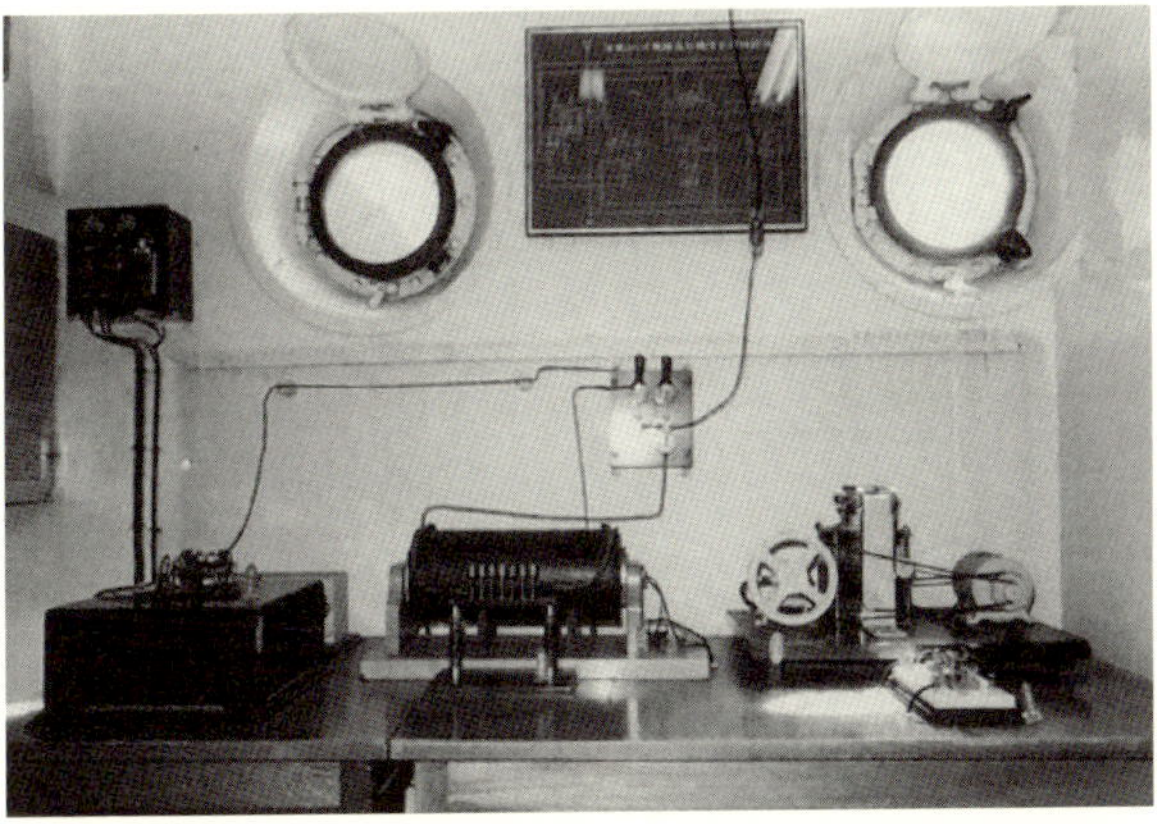

木村駿吉が開発した三六式無線電信機

写真は、「電子技術総合研究所創立100周年記念写真集『軌跡』」および「電波技術協会報 No.256 2007年5月号」に所収されている「記念艦三笠蔵」の三六式無線電信機（資料提供は、木村駿吉の孫夫人 木村康子氏）

五年間の交流は、木村芥舟にとって生涯最後の至福のときであったに違いない。

芥舟の妻「弥重」は八十六歳まで生き、大正七年（一九一八）二月に大往生を遂げた。木村芥舟と兄弟の如きつき合いだった福沢諭吉の妻「錦」は八十歳の天寿を全うし、大正十三年（一九二四）六月に夫のもとに旅立った。

芥舟の次女「清」は昭和十八年（一九四三）まで生き、同じく八十歳の天寿を全うした。

わが国近代海軍に大きな足跡を残した「木村浩吉」は、海軍少将まで昇り、昭和十五年（一九四〇）に七十八歳の生涯を終えた。

木村浩吉は、日清戦争の際、巡洋艦松島の水雷長として出征し、黄海海戦で大きな戦功を上げたが、そのときの海戦実記を詳細に記録、出版したものが世間の評判を呼び、今も貴重な資料とされている。

日露戦争における日本海海戦の勝利に大きく貢献した「木村駿吉」は、大正三年（一九一四）に海軍を辞した。

退職後は日本無線電信電話会社の役員を務め、晩年は弁理士になり、日本の無線電信技術の進歩、発展に半生を捧げ、昭和十三年（一九三八）に七十一歳で没した。

木村摂津守喜毅（芥舟）　次女　清《せい》
（文久3年8月30日〜昭和18年7月12日）

昭和18年（81歳）　芥舟の曾孫木村昌之氏撮影
（芥舟の玄孫　宗像信子《むなかたのぶこ》氏蔵）

謝辞

本作品の執筆にあたり、咸臨丸に関する専門的な知識とシーマンシップ教育の真髄についていろいろご教授してくださった元東京商船大学教授・元帆船日本丸船長・医学博士の橋本進先生に深く感謝、御礼申し上げます。

また、艦船の知識に関するご指導を熱心にしてくださった元海上自衛隊自衛艦隊司令官の谷勝治元海将に厚く御礼申しあげます。

そして、増補改訂版の執筆に際して、ご支援、ご協力をしてくださった木村家の皆さまに厚く感謝申しあげます。

最後に、増補改訂版出版のために貴重な時間を割いてくださった海文堂出版編集部の岩本登志雄さん、黒沼勇介さんと、すばらしい装幀をしてくださった幅雅臣さんに心から御礼申しあげます。

宗像善樹

参考文献・資料

木村摂津守喜毅日記　慶応義塾図書館編　塙書房
木村芥舟著　木村芥舟翁履歴略記
木村浩吉記　木村芥舟ノ履歴及経歴ノ大要　大正十四年六月記
今泉みね著　名ごりの夢　昭和十五年　みくに社
今泉みね著　名ごりの夢　東洋文庫9　平凡社
金原周五郎著　雲白く・我が祖先を尋ねて　えむ出版企画
鈴木崇英編著　資料・木村摂津守喜毅　赤堤書房
木村紀八郎著　軍艦奉行　木村摂津守伝　鳥影社
木村芥舟とその資料・旧幕臣の記録　横浜開港資料館
福澤諭吉著・富田正文校訂　新訂福翁自伝　岩波書店
福澤諭吉著　学問のすすめ　岩波書店
小泉信三著　福澤諭吉　岩波書店
ふだん着の福澤諭吉　慶応義塾大学出版会
岳真也著　福澤諭吉　青春篇・朱夏篇 一二　作品社
中島岑吉著　幕臣福澤諭吉　ＴＢＳブリタニカ
北康利著　福沢諭吉・国を支えて国を頼らず　講談社
石河幹明著　福沢諭吉伝　岩波書店
平山洋著　福沢諭吉の真実　文藝春秋
佐高信著　福沢諭吉と日本人　角川文庫

未来を開く福澤諭吉展（二〇〇九年）慶応義塾創立一五〇年記念
今永正樹編　年表・福澤諭吉　葦書房
文倉平次郎著　幕末軍艦咸臨丸（上・下）中央公論社
橋本進著　咸臨丸、大海をゆく　海文堂出版
橋本進著　咸臨丸還る・蒸気方小杉雅之進の軌跡　中央公論社
ドナルド・キーン著　続百代の過客（上）朝日新聞社
千早正隆著　咸臨丸航海の真相　文藝春秋昭和三十五年六月号
福田清人著　咸臨丸物語　ぎょうせい
咸臨丸太平洋を渡る・遣米使節一四〇周年　横浜開港資料館
咸臨丸乗組員名簿　咸臨丸子孫の会ホームページ
大宅壮一全集　第二十五巻　炎は流れるⅡ　蒼洋社
中濱京著　ジョン万次郎　冨山房インターナショナル
永国淳哉著　ジョン万次郎・幕末日本を通訳した男　新人物往来社
マーギー・プロイス著（金原瑞人訳）ジョン万次郎・海を渡ったサムライ魂　集英社
カッテンディーケ著（水田信利訳）長崎海軍伝習所の日々　平凡社
藤井哲博著　長崎海軍伝習所　中公新書
木古内町観光協会ホームページ「咸臨丸とサラキ岬に夢みる会」

❖著者略歴

宗像善樹　むなかた・よしき

昭和18年（1943）1月　埼玉県さいたま市（旧浦和市）生まれ
昭和43年（1968）3月　早稲田大学大学院修士課程修了
昭和45年（1970）4月　三菱重工業株式会社入社
平成17年（2005）6月　関東菱重興産株式会社退社

所属団体

咸臨丸子孫の会会員
心美人開運村『日本文芸学院』会員
幕末史研究会会員
全国歴史研究会会員
幕末史を見直す会会員
ＮＰＯ法人江戸連会員
長崎楽会会員

著書

『爆風』沖島信一郎（ペンネーム）
（2010年刊・アルマット社）
『咸臨丸の絆（軍艦奉行木村摂津守と福沢諭吉）』
（2014年刊・海文堂出版）
『史料にみる宗像三女神と沖ノ島傳説』
（2017年刊・右文書院）
『愛犬マリちゃんの思い出　マリちゃん雲にのる』
（2017年刊・日本橋出版）
『三菱重工爆破事件』
（2018年刊・幻冬舎）

装幀――幅雅臣

ISBN978-4-303-63434-6

増補改訂版
咸臨丸の絆―軍艦奉行木村摂津守と福沢諭吉

2019年2月15日　初版発行

著　者　宗像善樹
発行者　岡田節夫
発行所　海文堂出版株式会社
本　社　東京都文京区水道2-5-4（〒112-0005）
電話 03(3815)3291(代)　FAX 03(3815)3953
http://www.kaibundo.jp/
支　社　神戸市中央区元町通3-5-10（〒650-0022）

日本書籍出版協会会員・工学書協会会員・自然科学書協会会員

PRINTED IN JAPAN　　印刷　東光整版印刷／製本　誠製本